계약서
제대로
알고 써라

계약서 제대로 알고 써라

1판 1쇄 발행 2023년 1월 24일
1판 2쇄 발행 2023년 5월 23일

지은이 조상규

교정 이지수

편집 문서아   마케팅·지원 김혜지

펴낸곳 (주)하움출판사   펴낸이 문현광

이메일 haum1000@naver.com   홈페이지 haum.kr
블로그 blog.naver.com/haum1007   인스타 @haum1007

ISBN 979-11-6440-241-0(13360)

계약서
제대로
알고 써라

| 저자 **조상규** |

Contents

13. 책임의 제한

14. 수익배분 조항

15. 대금지급과 변제

16. 납품과 검수

머리말

 본서는 계약업무를 수행하는 법률실무담당자들이 "제멋대로 계약서를 쓰고" 분쟁이 발생한 후에 "후회"하는 일이 많다보니, "저자의 책을 구매"하여 본서를 통해 계약서를 작성하고 검토하는 올바른 법률지식을 익힌 다음, 계약서를 "제대로 알고 쓰라는 취지"로 기획되었습니다.

"제대로 알기" 시리즈 제7탄 "제대로 알고 써라"

 2014년 "문화예술저작권 분쟁의 숲에 가다"라는 책을 처음내고, 이후로 "OOO 제대로 알기"라는 제목을 통해 "제대로 알기"시리즈물을 다섯 권 출간하였습니다. 하지만 본서의 경우에는 법률지식의 완성인 "계약서"와 관련된 주제의 서적이고, 계약서의 중요성을 강조하는 의미에서 "제대로 알고 써라"라는 명령어를 통해 조금의 변화를 주었습니다. 하지만 "제대로"의 기조는 분명히 유지되고 있다는 점을 알려드립니다.

반드시 알아야 할 법률지식

 저자의 하루 일과 중 대부분을 차지하는 일은 전화와 면담을 통해 계속적으로 몰려오는 법률자문에 답을 하는 것입니다. 그 중에서도 많은 부분을 차지하는 것이 계약서의 계약조항과 관련되어 있습니다. 하지만 계약서와 관련된 법률자문에는 한 가지 특징이 있습니다. 대부분 분쟁이 벌어지고 나서야 변호사를 찾아 해당 계약서의 문제점에 대해서 분석하기 시작한다는 점입니다. 이러한 사실은 저자가 수행하는 그 많은 법률자문 중에서 계약서를 사전에 검토하는 업무 보다는 분쟁의 발생 후 해당 계약서에 대한 해결책을 논의하는 업무의 비중에 훨씬 높다는 점에서도 알 수 있습니다. 아직도 대한민국 국민들의 법문화는 변호사를 통해 계약서를 사전에 검토하는 것이 익숙하지 않은가 봅니다.

계약서는 법률지식의 완성

저자가 많은 기업들과 개인들을 상대로 계약서 검토 업무를 수행하고 관련 강의를 다년간 진행해 본 결과, 계약서를 잘 작성하는 실무자들이 그렇게 많지 않다는 사실을 알 수 있었습니다. 사실 해당 실무도 잘하고 계약서도 잘 쓰는 사람을 찾기도 어려울 뿐만 아니라 대기업이 아닌 이상 사내 변호사를 고용해서 일을 처리하는 것도 비현실적인 면이 있습니다. 또한 계약서는 계약서의 기본적인 틀에 대한 지식도 필요할 뿐만 아니라 저작권이면 저작권법, 하도급이면 하도급법 지식을 파악하고 있어야 제대로 된 계약서 작성이 가능합니다. 그리고 해당 실무영역에서 이루어지는 거래의 관행이나 경제적 손익평가는 기본이고, 계약서를 볼 줄 아는 리걸마인드 뿐만 아니라 해당 영역에 대한 구체적인 법률지식까지 삼박자를 모두 갖추고 있어야 합니다. 그러다보니 계약서와 관련된 법률검토를 진행해보면 변호사마다의 실력차이도 확연히 드러납니다. 그래서 저자는 평소 계약서 작성 및 검토는 법률지식의 완성이라고 표현합니다.

삼실주의자의 파괴적 혁신

저자는 이론주의, 이념주의, 형식주의를 혐오하는 사람입니다. 그래서 이론주의의 반대말인 "실천주의", 이념주의의 반대말인 "실용주의", 형식주의의 반대말인 "실질주의"를 삶의 가치관으로 삼고 변호사 업무를 할 때나 각종 정부 위원회 업무를 할 때에도 그 입장을 유지하고 있습니다. 이렇게 실천, 실용, 실질의 세 가지 "實"자를 모아 "三實"주의를 주창하였고, 이 삼실주의는 저자가 하는 모든 일에 투영된 저자의 가치관입니다.

또한 저자가 MBA를 다니던 시절 혁신주도 기업성장의 비즈니스 모델로 "파괴적 혁신"이라는 혁신 유형과 사례들을 매우 인상 깊게 공부한 적이 있었습니다.

그 이후로 저자의 모든 내일은 오늘의 저자를 극복하는 일이라는 생각을 하게 되었고, 2011년 MS워드파일 1장에 불과했던 저자의 이력서는 현재 23장을 채워나가고 있습니다. "정반합"이라는 헤겔의 논리전개 방식에 따라 저자의 삶에 파괴적 혁신을 통한 "反"을 끊임없이 만들어나가는 성실함을 잃지 않도록 할 것입니다.

감사의 말

"블록체인·ICO·NFT·엔터테인먼트 제대로 알기"에 이어 본서의 출판까지 맡아준 하움출판사에 감사의 인사를 전합니다.

책을 인쇄할 즈음 저자는 행복한 마흔다섯 번째 생일을 맞이합니다. 둘째를 임신하고 힘든 과정을 잘 견뎌주고 있는 아내에게 존경과 사랑의 마음을 전합니다. 그리고 건강하게 잘 자라서 올해 초등학교에 입학하는 듬직한 아들, 긴 기다림 끝에 여름에 얼굴을 보게 될 둘째까지 가족 모두와 출간의 기쁨을 함께 나누고자 합니다.

PART. 01

계약서 작성과
검토의 요령

⊘ 계약서는 법률관계의 종합예술

저자는 법률관계의 시작과 끝은 계약서라고 생각합니다. 계약서를 잘 쓰고 잘 검토하면 법률분쟁에서 우위를 차지함은 당연한 일이고 나아가 법률분쟁 자체를 사전에 차단할 수 있는 경우도 많습니다. 법률전문가들 사이에서의 실력도 계약서를 잘 쓰고 잘 검토하는 법률가가 진짜 실력자이지, 법률가이면 누구나 다 잘 할 거라고 생각하시면 안 됩니다.

저자가 다년간 많은 기업들의 계약서 검토업무를 담당하면서 느낀 바는 아직도 대한민국에서는 계약서 사전검토에 대한 필요성을 크게 공감하지 못하고 있다는 점입니다. 분쟁이 터져야 그때서야 계약서를 검토 받는 수준의 사건이 대부분입니다. 이미 소송을 준비해야 되는 상황이지 계약서를 어떤 부서에서 어떤 히스토리로 작성하여 체결하게 되었는지 책임을 물어봐야 이미 때는 늦은 것입니다. 적은 비용으로 자문을 사전에 받았으면 분쟁이 발생하지 않았을 테지만 그러한 사전 검토를 생략한 채로 허술한 계약을 맺고 후회하는 경우가 너무나 많습니다.

즉 기업법무의 핵심영역은 바로 계약서입니다. 저자는 전경련 국제경영원(IMI)에서 많은 기업회원사를 상대로 '계약서 작성과 검토 실무 아카데미'를 수년간 진행해 온 강사입니다. 실무에서 익힌 계약서 작성과 검토 노하우를 강의하고 실제로 계약서를 검토해보는 프로그램인데 실무에서의 계약담당자들의 고충을 많이 들을 수 있었습니다. 회사에서는 법률자문 비용을 아낀다고 담당자에게 일임하다 보니 담당자의 입장에서는 그 위험을 감당하기 힘들다는 것입니다. 법률자문 변호사가 따로 있다면 그에게 자문 받고 그렇게 자문받은 내용대로 진행하여 본인의 면책 가능성을 열어두고 싶은데 회사의 비용절감이라는 문제와 충돌하게 되는 것입니다.

　서면으로 계약서를 작성하는 것에는 숙련된 기술이 필요합니다. 숙련된 기술 그 이상일 수도 있습니다. 변호사들 중에서도 사실관계, 사업구조 등에 전혀 감각이 없는 사람이 법학 교과서만 보고는 절대로 제대로 된 계약서 작성 및 검토를 할 수 없는 영역이 바로 이 영역입니다. 그래서 서면계약서 작성은 사업구조와 전체 영업 형태에 대한 이해를 마치고, 이를 법률적인 언어로 꼼꼼하게 표현할 수 있는 전문가의 도움이 반드시 필요합니다. 계약서를 잘 검토하려면 해당 법률분야에 대한 해박한 지식이 전제되어야 합니다. 금융, 지분투자, 하도급, 저작권, 가맹사업 등 전문유형별로 다양한 법리를 모두 꿰고 있지 않는 이상 단순히 일반적인 계약서 포맷만 잘 갖추었다고 해서 절대로 좋은 계약서가 될 수 없습니다. 즉 일반적인 계약서의 기본지식은 표준계약서를 바탕으로 민사법적 지식을 익히고 그와 함께 해당 법률영역의 법조문과 법리를 모두 파악하고 향후 발생할 수 있는 분쟁을 경우의 수로 나누어 철저히 분석하는 작업이 반드시 필요합니다. 사업을 시작하는 단계에 있는 기업이라면 동업을 하는 동업자나 협력업체, 사업 파트너를 상대로 한 계약서의 작성이 사업구조와 거래구조를 짜는 바탕이 되므로 사업의 시작에 있어 계약서의 검토는 사업의 성패를 처음부터 결정하는 중요한 문제가 될 것입니다.

　2018년 1월 24일 저자의 생일에 "기업법무 제대로 알기"라는 책을 출간하면서 아래와 같은 포부를 밝힌 바 있습니다. 그 약속을 본서로 지킬 수 있게 되어 참으로 다행스럽다는 말씀을 전하고 싶습니다.

지면의 한계로 인해 저자가 가지고 있는 모든 계약법 노하우와 콘텐
츠를 제시할 수 없어 향후 "계약법 제대로 알기"라는 제목으로 꼭 단
행본을 통해 독자 여러분들에게 인사드릴 수 있는 기회를 갖도록 하
겠습니다. 협상론에 대한 정확한 분석과 요령, 물품구매 계약 및 계약
서 조항에 얽힌 역사, 잘못 쓴 조항과 수정한 조항의 비교 등 다양한
형태의 계약법 이슈들을 넉넉히 준비해서 별도의 책으로 전달해 드
리고자 합니다. 어차피 내년에도 제 생일은 출판기념회와 함께 또 찾
아 올 테니까요.

♀ 계약서가 왜 중요한가요?

일단 체결된 계약은 당사자 일방이 동의하지 않는 한 일방당사자 마음대
로 그 효력을 거부하거나 변경할 수 없습니다. 그러므로 계약은 정말 중요
합니다. 계약에서 정한대로 이행해야 하고 이행하지 않을 때는 그에 따른
손해배상을 모두 해야 합니다. 결국 계약에는 이러한 구속력이 발생하므
로, 유명한 법언 중에는 "계약은 법을 만든다(Contract makes the Law)"라는
말이 있습니다. 또한, 계약서는 재판과정에서 가장 중요한 입증자료가 되
는데, 특히 일반 사인이 아니라 회사의 경우에는 대표이사 직인이 찍힌 처
분문서의 증명력은 매우 높아 계약서와 상반된 내용의 변명은 절대 통하지
않습니다. 일반 사인들이야 계약을 그렇게 많이 체결할 일도 없고 그 내용
도 잘 모르는 비전문가라는 전제에서 사건을 바라보지만, 늘 사업을 영위
하고 매출을 내는 회사의 경우에는, 각 부서에서 전문적인 수준의 검토가
이루어지고 있다고 생각하는 것이 법원의 태도입니다.

우리 법원의 재판은 증거재판주의를 채택하고 있으므로 승소하기 위해서는 증거를 제출해야 합니다. 증거에는 서류증거(서증)와 사람증거(인증)가 있는데, 법원에서는 인증보다는 계약서와 같은 서증을 더 신뢰하는 경향이 있습니다. 이러한 서증 중에서도 양 당사자가 날인을 한 계약서는 사실상 증거의 왕으로 취급된다고 보시면 됩니다. 다만 예외적으로 계약서 자체의 효력이 제한되는 경우가 있는데, 민법 제103조 선량한 풍속 기타 선량한 사회질서 위반행위의 경우 무효가 되거나, 약관규제에 관한 법률과 같은 경제법 위반의 경우 내용이 계약에 편입되지 않는 경우 등이 존재합니다. 이러한 내용들은 다음 장인 "계약의 구속력과 탈출"에서 좀 더 상세하게 설명해 드리도록 하겠습니다.

◉ 세 가지 영역

다양한 형태의 계약서와 자문요청의 형태를 살펴본 결과 계약서를 잘 쓰고 잘 검토하기 위해서는 세 가지가 필요하다는 결론에 도달하였습니다.

첫째, 기본적인 한국어 문법입니다. 정말 당연한 이야기이지만 당연하지 않습니다. 계약서를 작성하는 많은 분이 제대로 된 문법을 전혀 사용하고 있지 않습니다. 문장은 간결하고 드라이해야 합니다. 긴 문장을 써서도 안 되고 법률용어로 정의되지 못하는 용어를 사용해서도 안 됩니다. 이중적인 의미를 내포하고 있는 문장이나 단어도 쓰면 안 됩니다. 이러한 가장 기초적인 부분에서 손을 대야하는 경우가 많은데, 이런 부분은 아래에서 설명해 드릴 표준계약서 양식을 계속 보고 익혀서 계약서에서 사용되는 문장이나 단어에 대한 느낌을 체득해야 합니다. 그게 제일 빠른 방법입니다.

둘째, 일반적인 계약서 포맷에 대한 지식입니다. 즉 가장 기본적인 계약서 포맷은 모든 계약서에 항상 적용되는 계약의 목적, 용어의 정의, 계약의 해제와 해지, 손해배상, 분쟁의 해결 등입니다. 이러한 조항들은 늘 쓰이는 조항이고 어느 정도의 기본지식만 있으면 항상 활용이 가능한 조항이라 계약서 작성과 검토의 기본이 된다고 할 수 있겠습니다. 그리고 계약서 작성과 검토의 기본기를 익히는 주요 내용이 됩니다. 본서에서도 제9장 이하에서 계약의 목적과 정의, 계약의 기간, 위약금과 손해배상액의 예정, 계약의 해제와 해지, 책임의 제한, 수익배분 조항, 대금지급과 변제, 납품과 검수까지 총 8개의 목차를 통해 설명해 드리도록 하겠습니다.

» 계약의 목적	» 하자담보책임
» 목적물의 특정	» 목적물 소유권 유보
» 용어의 정의	» 비밀 유지
» 계약기간, 기한, 갱신	» 해제와 해지
» 물품대금과 지급 방법	» 사정 변경, 불가항력
» 납품기일과 납품장소	» 손해배상, 지체상금, 책임제한
» 납품과 검사, 테스트	» 위약금, 위약벌, 손배예정
» 잔금과 검사결과의 동시이행	» 이의, 분쟁해결, 관할
» 목적물 소유권 유보	» 특약사항

그리고 셋째, 영역별 법률지식입니다. 아무리 계약서의 기본기를 잘 익혔다고 하더라도 영역별 법조문과 법리를 파악하고 있지 아니하면 앞서 배운 일반적인 계약서 기본기만으로는 해당 계약서의 내용들을 피상적으로 인식하고 제대로 파악할 수 없는 일이 벌어집니다. 예를 들어 가맹계약을 체결하면서 가맹사업법의 내용과 관련 사례나 분쟁 사례들을 경험하지 못 해봤

다면 그러한 가맹계약서의 조항들에 대하여 아무런 생각이 없이 계약을 체결한 것과 마찬가지입니다. 위와 같은 지식들을 익힌 후에야 해당 계약서 조항들이 살아 움직인다는 사실을 알 수 있을 것입니다.

　그렇다 보니 계약의 각론처럼 주의해야 할 법리와 검토해야 할 법조문이 있는 영역이 있습니다. 저작권, 동업, 투자, 가맹사업, 근로, 공사, 임대차, 용역제공, 하도급, 구매, 상표, 엔터테인먼트 등 각론에서 다루어야 할 주제들은 차고 넘친다고 볼 수 있습니다. 이러한 영역들은 각각의 법률관계의 특징들이 존재하고 유의점도 다르므로 추가로 계약서 각론에 대해서도 강의 혹은 저서를 통해 독자 여러분들에게 노하우를 공유드릴 수 있는 기회를 만들도록 하겠습니다.

⊙ 표준계약서의 활용

　공정거래위원회와 같은 국가기관에서 친절하게 하도급, 가맹, 유통거래 등의 표준계약서를 작성하여 배포하는 경우가 있습니다. 관련 영역의 계약이라면 이러한 표준계약서를 활용하는 것이 매우 편리합니다. 표준계약서의 틀에서 해당 사안이 가지는 개별적 특징만 반영하여 수정하면 금방 계약서가 만들어집니다. 하지만 그러한 표준계약서의 조항들도 구체적인 사안에서 어떻게 해석될 것인지에 대해서 고민을 해야지, 만연히 표준계약서이니까 만병통치약일것으로 생각하면 오산입니다. 예를 들어 하도급계약의 경우에는 원청업체에 불리하고 하청업체에 유리한 표준계약서이므로 실무에서는 대부분 원청업체의 입장이 조금 더 반영되도록 수정하여 쓰는 경우가 많습니다.

저작권, 공연예술, 게임, 출판, 영화 등은 문화체육관광부에서 배포하는 표준계약서를 참고하시면 되는데, 저자도 출판, 저작권 관련 계약의 당사자로서 계약 체결을 여러 차례 해본 경험이 있습니다. 예를 들어 출판하는 경우 작가가 처음부터 저작권을 가지고 초안을 완성하여 그 발행만을 출판사에 맡기는 출판권 설정계약이 있을 수 있으나 대부분은 출판사가 작가로부터 저작권을 양도받거나 공동으로 창작에 참여하여 공동저작권자가 되는 경우도 많습니다. 그렇기 때문에 해당 사안에서 작가의 역할이나 유명세에 따라 그 계약의 형태는 천차만별이 될 것이고, 그에 따른 법률검토가 필요합니다.

물품매매, 건설공사, 부동산, 광고, 엔터테인먼트, 고용과 노동, 용역 등에 대한 표준계약서는 대한상사중재원 홈페이지에서 쉽게 구할 수 있습니다. 다만 이러한 경우에도 상사중재원이 제공하는 표준계약서 양식이다 보니 분쟁의 해결은 모두 상사중재로 하도록 규정되어 있습니다. 이후에 설명해 드리겠지만 분쟁의 해결 방식으로 상사중재 보다는 법원의 판결을 저자는 추천해 드리므로 법원의 판결로 수정하고 관할을 정하는 조항을 새롭게 추가할 필요가 있습니다.

PART.

계약의
구속력과 탈출

◇ 계약의 구속력

저자가 계약과 관련하여 자문할 때 제일 많이 받는 질문 중에 하나는 "어떻게 하면 계약의 구속력으로부터 탈출할 수 있느냐"입니다. 계약을 막상 하기는 했는데, 나중에 살펴보니 계약의 조항들이 의뢰인에게 불리한 것이 많았던 것입니다. 하지만 이미 계약은 성사되어 계약을 지켜야만 하는 상황인데 이러한 불리한 조건의 계약은 물리고 싶은 마음이 클 것입니다.

앞서 계약서가 왜 중요한지에 관해 설명하면서 "계약은 법을 만든다."는 말씀을 드린 바 있습니다. 사적자치의 원칙에 따라 양 당사자가 합의해서 체결한 계약의 내용은 그 누구도 간섭하지 않습니다. 하지만 이렇게 양 당사자 사이의 의사만을 존중하다 보면 "돈을 갚지 못하면 허벅지를 베어 가기로 하는 계약"도 가능하게 됩니다. 하지만 이러한 계약은 인간의 존엄성을 해치는 계약으로서 우리 민법은 제103조에서 "선량한 풍속 기타 사회질서에 위반한 사항을 내용으로 하는 법률행위는 무효로 한다."는 규정을 통해 효력을 부정하고 있습니다.

이렇게 사적자치의 제한이 필요한 영역으로 공정거래법, 약관규제법 등의 경제법 영역이 존재합니다. 약관이란 사업자가 다수의 상대방을 상대로 계약할 때 편리성을 위하여 사전에 만들어 놓은 것을 말하는데, 사업자의 지위가 워낙 강하고 소액의 다수피해자가 발생할 가능성이 큰 영역이라 약관규제법 제6조 제1항에서는 "신의성실의 원칙을 위반하여 공정성을 잃은 약관조항은 무효이다."라는 조항을 두고 있습니다.

계약서 제대로 알고 써라

이상과 같이 계약은 체결하였으나 후에 그 무효를 주장할 수 있는 가능성은 의사무능력 등을 주장하는 등 다양하게 열려 있습니다. 무효 외에도 취소, 해제, 해지 등의 방법이 있고, 아래에서 설명해 드리는 바와 같이 협상을 통해 계약으로부터 자유를 얻는 방법도 있습니다.

　조금만 더 구체화해서 설명해 드리자면 먼저 취소의 경우에는 사기, 강박, 착오 등으로 취소를 할 수 있고 계약서 조항에 취소권을 명시할 수도 있습니다. 그리고 상대방의 채무불이행이 발생하는 경우 그 법적효과로서 해제권, 해지권이 발생합니다. 민법상 해제권, 해지권이 발생하는 일반적인 채무불이행 상황도 존재하지만 계약서에서 해제와 해지의 요건을 특정하여 둘 수도 있습니다. 그리고 사정변경을 이유로 계약의 기초가 되는 사실관계가 변했다는 주장을 통해 계약을 해제 또는 해지할 수 있습니다. 참고로 해제는 계약을 소급하여 처음부터 무효화시키고 쌍방이 서로 주고받은 것을 돌려주는 방식이고, 해지는 계속적 계약에 있어 지금까지의 법률관계의 효력은 인정하고 향후 법률관계만 종료시키는 방식입니다.

　그러므로 계약에서 탈출하기 위해서는 어떻게 하면 착오취소 요건을 만족시킬 수 있을 지, 어떻게 하면 사정변경에 따른 계약해지를 할 수 있는지와 같은 법률검토가 필요합니다. 예를 들어 착오로 계약을 취소하려면 중요한 부분에 중대한 착오가 있어야합니다. 사정변경은 계약의 성립의 기초가 되는 사정이 현저히 변경되어 계약을 그대로 유지시키는 것이 당사자의 이해에 심각한 불균형을 초래하는 경우에 해당해야 합니다. 결국 무효, 취소, 해제, 해지와 같은 법적효과를 발생시키기 위한 법률요건사실들을 잘 수집하여 법률적으로 구성하는 것이 매우 중요합니다.

⊙ 계약 후 협상

계약은 구속력이 있어서 함부로 파기하면 계약위반으로 인해 채무불이행에 따른 계약해제 및 손해배상 책임을 물게 됩니다. 그러므로 '협상'이라는 것이 필요하게 됩니다. 그렇다면 계약으로부터 탈출할 수 있는 협상카드는 과연 무엇이 있을까요? 120억 원에 공장 건설공사 계약을 한 회사가 제대로 매출을 일으키기도 전에 유동성 위기에 긴급컨설팅이 필요한 사건이 있었습니다. 은행에서는 외국인 투자 50억을 조건으로 추가 대출을 해 주겠다고 하나, 투자자를 찾는 일은 여간 어려운 일이 아닙니다. 그렇다면 공사대금을 줄여서 유동성 위기를 극복하는 것은 어떨까요?

120억짜리 공사계약을 수의계약으로 한 사실을 확인한 후 저자는 담당 임원의 신병을 확보하라고 회사에 급히 알렸습니다. 아니나 다를까 이미 노트북은 파손되어 있었고, 담당 임원은 급히 도주한 상태였습니다. 공사계약은 120억이 맞습니다만 계약 발주 관련 임원이 얼마나 리베이트를 받았을지는 대략 예상이 되는 부분이 있었습니다. 바로 배임수재 및 배임증재라는 형사처벌 협상카드를 가지고 공사계약에 대한 대금조정 협상을 다시금 시작할 수 있는 것입니다. 형사처벌 받고 불법행위에 따른 손해배상 책임을 지느니 차라리 공사를 계속하고 공사대금을 조정하는 것이 공사업자 입장에서는 훨씬 좋은 조건이 되는 것은 당연한 일입니다.

민사소송을 진행하면서 형사고소 사건을 붙여서 진행하면 도움이 되는 사건들은 너무 많습니다. 저작권법 위반, 부정경쟁방지법 위반은 당연하고, 경영권 분쟁 및 동업계약에서의 횡령배임 등 형사사건을 함께 진행하는 민사사건이 다수 존재한다는 사실을 말씀드리며, 이러한 협상카드를 통한 협상이 매우 효과적이라는 점을 알고 계셔야 합니다.

다만 섣불리 형사고소를 진행했다가 무혐의로 결론이 나면 민사소송은 시작도 못 해보고 끝나버리는 사건들도 있다는 점을 말씀드립니다. 관련하여 2022년 2월 뉴스레터를 참고로 공유해 드립니다. 상대방이 회계사를 상대로 형사고소를 했다가 오히려 민사를 진행하는 법원에 회계사는 아무 잘못이 없다는 강한 인상만 남긴 사건입니다.

 은행의 "대출실패"에 대해서 회계법인은 "책임 없음!!!!"

저축은행 다섯 곳이 각 30억씩 합계 150억을 회사에 대출해주었으나, 대출받은 회사는 한 달 뒤 회생신청을 하게 되었고, 회생인가 결정에 따라 대출금 전액을 회수하지 못하게 되는 사건이 발생했습니다. 화가 난 저축은행들은 회사의 대표이사와 외부감사를 수행하고 적정의견을 표명한 회계법인과 담당 회계사를 상대로 150억에 대한 손해배상청구소송을 제기하였을 뿐만 아니라 형사고소까지 하였습니다.

이 사건을 맡아 제일 먼저 진행한 부분은 **형사사건에 대한 신속한 마무리**였습니다. 외부감사인의 책임 소송을 많이 수행한 경험상 아주 예외적으로 공모를 한 경우가 아니라면 형사책임을 지는 사례가 없어 민사소송 진행에 유리할 것으로 판단했습니다.

또한 본 사건과 같이 **회사의 회생신청에 따른 대출실패가 발생한 경우는 외부감사인의 주의의무위반과는 관련성이 없다는 점**에 대해 철저히 분석하였습니다. 특히 감사의견 표명과 관련하여 외부감사인의 주의의무위반 자체가 존재하지 않는다는 결론에 무게를 두고 재판을 준비하였고, 결과적으로 계획한 그대로의 판결문을 받아 볼 수 있었습니다.

먼저 회생이라는 이슈는 무엇보다 '계속기업으로서의 존속능력에 대한 주석기재' 누락이라는 쟁점이 따라올 수밖에 없는데, 법원은 관련하여 '경제

위기와 건설 경기 침체로 인한 수익 창출의 불확실성이 크다.'라는 **감사보고서의 주석이 존재하므로 주석 기재누락을 인정할 수 없다는 판단**하였습니다. 사실 **회사가 유동성 위기로 어려움을 겪고 이에 따라 회생절차를 진행하게 되는 것은 대출을 실행하는 금융기관이 판단하고 그에 대한 리스크를 부담하는 것**이지, 외부감사인이 이를 미리 예견할 책임이 있다고 보기는 어렵습니다.

또한 회생절차에서 조사위원이 작성한 조사보고서상의 공사미수금 및 매출채권이 감사보고서의 그것과 다른 부분에 대해서도 **조사보고서와 감사보고서의 작성시점 및 평가방법 자체가 다르다는 점을 비교하여 강조**하였고, 법원은 감사보고서의 거짓기재를 전제로 한 저축은행들의 주장을 모두 배척하였습니다.

외부감사인의 손해배상책임소송에서 이러한 주의의무위반 자체의 부존재를 판결로 받아 내는 경우는 흔치 않습니다. 주의의무위반이 존재하지 않는지 여부를 판단하기도 힘들 뿐만 아니라 대부분 손해의 발생과 주의의무위반 사이의 인과관계 부존재로 승소하는 경우가 많아서 이번 사건도 대출을 진행하는 **저축은행들이 스스로 작성한 대출심사보고서 등을 증거로 현출시키면서 만일을 대비하여 인과관계 단절까지 철저히 준비**했습니다.

대부분의 외부감사인은 감사조서를 법원에 제출하는 것을 상당히 부담스러워합니다. 하지만 이번 사건은 주의의무위반 쟁점에 대한 해당 감사조서를 적절한 시기에 우리 쪽에서 먼저 적극적으로 제출하면서 외부감사인이 회계감사기준에 따라 진행한 감사절차를 구체적으로 재판부에 설명하였습니다. 이렇게 **주의의무위반 자체의 부존재를 인정받기 위해 정면 돌파한 결과 인과관계에 대한 판단까지 가지도 않고 승소한 성공적인 사례**가 되었습니다.

♀ 연예인을 전속계약으로부터 탈출 시켜라

저자가 진행했던 사건 중에서 계약의 구속력으로부터 탈출하는 방식을 잘 설명해줄 수 있는 엔터테인먼트 사건이 하나 있습니다. 가수인 의뢰인은 기획사로부터 자유를 얻길 원했습니다. 아무것도 해주지 않고 방치만 하는 기획사는 오히려 전속기간을 채우는 동안 가수를 아무것도 못 하게 만드는 악랄한 목표를 설정했던 것 같습니다. 가수는 인생에서 두 번 다시 오지 않을 20대를 모두 날리게 생겼습니다. 그런데 기획사는 온갖 근거 없는 손해를 주장하며 전속기간을 다 채우지 못하는 부분에 대한 배상을 원했습니다.

대한상사중재원을 전속관할로 합의한 전속계약 때문에 상사중재원에서 중재가 진행되었습니다. 다행히 중재인은 제가 잘 아는 지인 변호사였는데, 엔터테인먼트법의 대가이기도 했습니다. 가수의 입장과 기획사의 입장을 모두 대변해가면서 양 당사자를 설득하기에 이르렀고 제가 느끼기에 어느 정도 선의 배상을 조건으로 건다면 충분히 전속계약은 해지할 수 있을 것으로 예상되는 시점에서 중재인에게 전속계약의 해지를 선조건으로 해달라고 요구하였고 이는 최종적으로 받아들여져 아래와 같은 판정주문이 나왔습니다.

```
                         판 정 주 문


     1. 신청인과 피신청인이 2013. 7. 15. 자로 체결한 전속계약은 2017. 11. 6. 자
        로 해지되었음을 확인한다.

     2. 신청인은 피신청인에게 2017. 12. 30.까지 금 10,000,000원을 지급한다. 이
        를 지체하는 경우에는 지급일의 다음날부터 다 갚는 날까지 연 10%의 비
        율에 의한 금원을 추가로 지급한다.

     3. 신청인과 피신청인은 본 중재사건에서 지득한 사실에 대하여 누설하지 아
        니한다.

     4. 신청인의 피신청인에 대한 나머지 신청을 포기한다.

     5. 중재비용은 각자 부담으로 한다.
```

    뭐가 특별하냐고 할지 모르겠지만 이 주문은 1천만 원을 지급하는 조건으로 전속계약이 해지되는 것으로 하지 않았습니다. 일단 이유 불문하고 전속계약은 해지되는 것으로 했기 때문에 해당 가수는 당일 자로 마음껏 활동하고 다른 기획사를 찾아볼 기회가 생긴 것입니다. 즉 활동을 열심히 하고 좋은 기획사를 만나면 그 때 1천만 원을 지급해도 되는 중재판정인 것입니다. 결국 가수는 1천만 원을 지급할 능력이 되지 않아 그 지급을 최대한 미루면서 다시금 활동하고 좋은 기획사를 만날 시간까지 벌 수 있었습니다. 만약 동시이행이 조건이었다면 돈이 넉넉하지 않은 가수의 입장에서는 1천만 원을 지급하지 못하면 아무것도 할 수 없는 상태가 지속되었을 것입니다.

PART. 03

계약과 협상

◎ 이기는 분쟁협상 전략기법

저자는 "-사례중심- 이기는 분쟁협상 전략기법"이라는 강의를 로앤비라는 교육회사에서 론칭하여 다년간 진행한 경험이 있습니다. 법률분쟁에 대한 종합적인 협상전략을 모색하고자 하는 기업이나 실무 담당자를 위한 실전사례 협상전략기법 강의였는데, 법률분쟁 실무에서 느끼는 협상의 기법은 저자가 MBA에서 배운 경영학적인 협상론과는 조금은 괴리가 있었기에 법적 분쟁 해결기법으로서의 협상론을 강의하기 위함이었습니다.

사실 협상은 이론이 아니라 실전입니다. 협상과 관련하여 추상적인 이론이나 총론에만 국한할 것이 아니라 각 분쟁 영역별 공격 방어 방법을 찾고 이를 적재적소에 활용하여 분쟁사건을 협상으로 마무리하는 실제 해결사례를 공부하는 것이 필요합니다. 당시 강의에서는 다양한 영역에 걸쳐 복잡하고 기술적으로 진화하고 있는 법률분쟁실무의 특성을 반영하여 법률분쟁 관련 업무를 담당하는 실무자들이 분쟁 유형별 대표적인 협상 사례풀이와 법률적 지식에 근거한 협상 기술을 주로 강의하였습니다.

◎ 협상론의 대표 케이스

사례1은 "집이 왜 이렇게 난장판이야!"와 "집이 정돈되어 있다면 좋을 것 같아."입니다. 사례2는 "100명 가운데 10명이 5년 이내에 사망하였습니다." 와 "수술 받은 100명 가운데 90명이 5년 후에도 살아 있습니다."입니다. 사례3은 "목사님, 기도 중에 담배를 피워도 되나요? 기도는 엄숙한 대화입니다."와 "목사님, 담배를 피우는 중에 기도를 해도 될까요? 기도는 때와 장소를 가리지 않습니다."입니다.

여러분은 여기서 어떤 기술과 전략이 보이십니까? 저는 언론에서 정치적 이슈와 관련하여 국민을 속이는 정도의 잔머리밖에는 보이지 않습니다. 아래에서 설명해 드릴 리프레이밍(관점 전환)의 사례들인데, 저런 기술은 위기의 부부에게 있어 관계를 개선하거나 인간관계에서 긍정적인 사람으로 상대방의 기분을 좋게 만드는 기술은 될지언정 감정적인 호소가 아닌 이성적인 설득에는 걸맞지 않다고 봅니다.

그리고 KTX역사 중에서 "김천구미역"이란 곳이 있는데 이곳의 명칭을 두고 김천시와 구미시가 협상을 한 사례도 소개됩니다. 김천시의 입장에서는 "김천역"이라는 명칭을 원합니다. 그 이유는 소재지가 김천이고, 역사 유치의 최대 공헌자이며 지역의 정체성과 자존심이 걸린 문제이기 때문입니다. 그리고 구미시의 입장에서는 역사 건설비용을 부담하며 70% 상당의 최대이용자를 보유한 곳이므로 이용자의 편의확보를 위해 "구미역"이라는 명칭을 고수하였습니다. 이에 중립적인 제3자인 국토부, 경북도, 코레일이 나서서 여러 가지 대안을 내어놓습니다. 김천이 중심이 되는 명칭을 사용함으로써 김천의 자존심을 살려주고, 명칭에 구미라는 단어를 넣어줌으로써 방문객 편의까지 고려할 수 있도록 "김천(구미)역"이 대안으로 떠올랐고 이후 코레일 단말기가 다섯 글자만을 인식하므로 괄호를 쓸 수가 없어 지금의 김천구미역이 탄생하게 된 것입니다. 김천이라는 단어와 구미라는 단어가 모두 들어가되 그 순서만 정함으로써 김천과 구미 두 도시 모두 실리를 챙기는 방향으로 탄생한 역사의 이름이 "김천구미역"인 것입니다.

참고로 재판하는 과정에서 양 당사자의 좌석 방향이 재판장을 바라보고 있는 이유를 아시나요? 싸움이 나서 사이가 좋지 않은 두 당사자가 서로를 쳐다보면 서로에게 말을 하게 되어 싸움이 더 격화되기 때문에 모든 진술은 상대방이 아닌 재판장을 바라보고 재판장에게 하라고 좌석의 방향이 그렇게 되어 있는 것입니다. 실제로 싸움이 난 부부를 화해시켜보니 이러한 요령은 큰 효과가 있었습니다.

⊙ 협상에 임하는 진정성

협상론이라는 이슈를 가지고 사람들을 현혹하는 경우가 있는데, 협상론은 어떻게 보면 신기루입니다. 방법이나 기술로 무언가 승리를 거두는 것은 존재하지 않습니다. 상대방도 그러한 방법이나 기술을 알고 있을 가능성이 큽니다. 내가 협상하는 기술이나 방법을 익힌다면 이미 상대방에게 진정성이라는 키워드를 상실하게 됩니다. 자료를 속이거나 내용을 속여서 협상하거나 속임수를 써서 협상하는 것이 아니라 내가 가지고 있는 협상 카드(상대방도 알고 있는, 꼼짝할 수 없이 만드는, 법률적인 권한과 수단 등)라는 것만이 나의 협상력을 높여 줄 유일한 무기가 된다는 것입니다.

아래 그림은 관점 전환이라고 하는 리프레이밍을 설명하는 그림입니다. 즉 어떻게 보느냐에 따라 보이는 것이 다르다는 것인데, 사실 아래 그림에서 밑에 도형의 선이 길다고 상대방을 설득하고자 한다면 그 전제는 상대방은 선을 실제로 측량할 기회도 방법도 없고, 리프레이밍이 뭔지 모를 때나 가능한 일입니다. 상대방이 작정하고 검토하고 조사하면 두 선의 길이가 같다는 사실은 너무나도 쉽게 알 수 있습니다. 그러므로 속임수는 통하지 않습니다. 두 선이 길이가 똑 같다는 사실을 양 당사자가 모두 인지한 상태에서 협상이 시작되어야 하고 그래야 잘 된 협상이 된다는 사실을 잊지 마십시오.

계약서 제대로 알고 써라

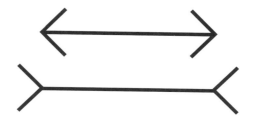

참고로 저자가 십여 년간 법원 조정실을 들락거리면서 느낀 점은 상대방에게 조금 양보하고 사건을 조기에 끝내는 것이 협상에서 졌다고도 말할 수 없다는 점입니다. 사실 상대방에게 돈 좀 더 주고 돌려보낼 수 있는 정도의 넓은 마음이 있다면 그 사람에게 주어진 마음 편하게 살 수 있는 하루는 또 그 사람의 것이기 때문입니다. 분쟁을 조기에 끝내고 맘 편하게 사는 것도 가장 잘 끝낸 분쟁해결 중의 하나라고 확신합니다.

⚲ 재판장을 설득하는 전략

저자가 재판부를 설득하여 빠른 시간 안에 원하는 결과를 얻은 사례를 협상론 강의에서 설명한 바가 있는데 아래에서 2018년 5월 뉴스레터를 통해 소개해 드리겠습니다. 상대방을 설득하려면 준비도 많이 해야 하고 프레젠테이션 능력도 좋아야 한다는 진리가 법정에서도 동일하게 적용된다는 교훈을 주는 사건입니다.

공인회계사 "직무정지 1년" 징계처분에 대해
16일 만에 집행정지 인용결정 받아내

A회계법인 소속 甲회계사는 매출관련 거래 실질을 파악하기 위한 추가적인 감사절차 소홀을 이유로 금융위원회로부터 2018. 2. 21. 징계조치가 내려졌고 최종적으로 2018. 3. 1.부터 1년간 직무정지를 명하는 처분이 부과되었습니다.

당장 2017기말 감사보고서 서명을 막는 징계처분으로써 정말 애매한 시기에 내려진 징계였습니다. 집행정지를 최대한 빨리 준비해서 진행한다고 해도 집행정지 결정이 나오는데 평소 한 달 정도는 걸리기 때문에 집행정지를 통해 3월 안에 기말 감사보고서 서명을 할 수 있을지 의문이었기 때문입니다. 관건은 최대한 빨리 집행정지결정을 받아내는 것이었습니다. 이에 한국공인회계사회 법무위원 출신으로 공인회계사에 대한 징계처분 사건을 변호하여 집행정지 또는 본안승소 판결을 다수 받아낸 경력이 있으며, 최근 토마토저축은행 사태에서 대법원까지 감사인의 무과실 승소 판결을 이끈 조상규 변호사가 회계사에 대한 직무정지 1년 처분에 대한 징계처분 집행정지를 신청하여 16일 만에 인용결정을 받아내는 성과를 이루었습니다.

처분은 2. 21.에 이루어졌고 다음 날 처분서를 송달받았으며, 미팅을 하고 의뢰인의 진행여부에 대한 확답을 받고 집행정지 신청서 작업에 착수하여 검토를 거쳐 접수까지 5일 만에 이루어졌으며, 접수된 지 2주 뒤인 3. 13.에 심문기일이 잡혔고 심문종결 후 3일 만에 집행정지 인용결정이 떨어졌습니다. 최대한 빨리 심문기일을 잡기 위해서 집행정지 신청서의 서론에서부터 긴급한 필요성에 대해서 먼저 피력하였고, 징계처분의 시점적 특이성을 부각하였습니다. 덕분에 2주 뒤에 심문기일이 잡혔습니다.

심문기일에서는 드라마에서나 나올 직한 구두변론을 펼쳤습니다. 심문 당일에 이 사건 하나만 재판이 잡혀 있었기 때문에 눈치껏 판사에게 길게 설명해도 괜찮겠냐고 먼저 허락을 받고 프레젠테이션에 가까운 변론을 펼쳤습니다. 부실감사에 따른 징계 사건 자체가 가지고 있는 회계전문성은 판사도 잘 모를 수밖에 없기 때문에 최대한 쉽고 간단하게 설명해야 합니다. 그래서 주요 지적사항에 대한 항변을 시간을 충분히 가지고 설명하였습니다. 프롬프터에 대상 회사의 거래 관계도를 그림으로 그린 메모를 띄우기도 하고 자리에서 일어나기도 하면서 액티브한 변론을 이어나갔습니다. 의뢰인이 상당한 경력의 중견 회계사로서 원고석에 앉아 있었지만 특별한 설명이나 진술을 하지 않을 만큼 거의 모든 설명을 조상규 변호사가 직접 하였습니다. 그리고 재판 한 시간 전에 도착한 상대방의 답변서를 휴대전화 이메일을 통해 재판 시작 전에 모두 파악한 덕분에 상대방 답변서에 나와 있는 내용까지 판사에게 직접 친절하게 설명하면서 변론을 마칠 수 있었습니다.

판사는 이 정도면 판결하기에 충분하다는 말과 함께 상대방에게 본안재판에서 반드시 밝혀야 할 문제가 있는 부분을 두 가지 정도 지적하면서 승소 가능성을 암시하였습니다. 마지막까지 판사에게 결정을 최대한 빨리 내어 달라는 부탁을 잊지 않았습니다.

이에 행정법원은 2018. 3. 16. "신청인에게 생길 회복하기 어려운 손해를 예방하기 위하여 위 처분의 효력을 정지할 긴급한 필요가 있다."라는 이유로 집행정지 신청을 인용하였습니다. 이번 결정은 징계처분이 내려지고 이에 대해 법적 대응을 해야겠다는 결심만 빨리 서면 집행정지 신청으로부터 보름 정도 후에는 충분히 집행정지 인용결정이라는 승소판결을 받아 볼 수 있다는 점을 확인해준 판결입니다. 개인적으로는 변론을 마치고 보여준 의뢰인의 칭찬과 만족도에 변론을 담당한 변호사로서 큰 보람을 느끼게 해준 판결이기도 합니다.

♀ 협상의 묘미

　최근 진행했던 협상 중에서 변호사로서 자부심을 느끼게 해준 짜릿한 협상이 하나 있었습니다. 의뢰인인 A사는 의류를 만들어 파는 회사였는데 상대방 B회사의 상표권 전용사용자로서 해당 상표권을 통해 매출을 많이 올리고 있었습니다. A사 대표이사는 해당 상표권 인수에 관심이 있었는데 그 시점을 조율하지 못해 약 1년 정도 고민만 하던 상황이었습니다. 유명한 회계법인 등과 접촉하며 다양한 아이디어들을 생각했으나 상표권 양수의 방법을 찾지 못하고 있었습니다. 당시 B사는 유동성 위기가 와서 여러 가지로 금원을 확보해야 하는 상황이었고, 저자는 연말을 타이밍으로 A사에 제시하였습니다.

　A사의 자문역으로 참여한 저자는 먼저 해당 상표권을 양수할 시점은 B사가 기말 외부감사를 통과하기 위하여 유동성위기를 해결해야 하는 한계 시점이 제일 좋은 협상시점이라는 점을 확정 지었습니다. 그때까지는 무조건 기다려야 한다는 것을 강조했고, 결국 연말이 왔습니다. B사와 협상이 진행될 무렵 B사로부터 해당 상표권을 담보로 50억 원을 차용하는 방식에 대해 A사에 문의가 왔습니다. 하지만 저자는 어떤 담보대출도 용납할 수 없다는 강경한 입장을 내비쳤습니다.

　만약 담보대출의 형태로 진행했다가 B사가 회생신청이라도 할 경우 담보채권자 그룹으로 회생에서 채권액이 탕감될 뿐만 아니라 원했던 상표권도 양수할 수 없는 최악의 상황이 벌어집니다. 만약 자문역이 이러한 회생진행에 대한 예측을 할 수 없다면 그것은 완전히 실패한 협상이 되는 것입니다.

이러한 위험을 B사에 전달하여 이해시키고 모든 대출형태를 거절하고 단순 매수 이외에는 어떤 옵션도 없는 것으로 진행하자고 A사의 경영진들에게 브리핑했습니다. 이러한 저자의 브리핑을 들은 A사의 경영진들은 0.1%의 가능성도 없는 이야기라고 했으나 일단 B사에 제시하라고 저자가 설득하였고, 결국 저자가 예측한 대로 B사는 50억에 상표권을 단순 양도하는 계약에 12월 31자로 싸인하게 됩니다.

해당 전략을 저는 "아니면 말고 프로젝트"라고 칭합니다. 자금을 수혈하는 쪽이 갑입니다. 갑은 많은 옵션을 가지고 있습니다. 을이 곤궁해질 때까지 기다리기만 하면 더 좋은 기회들이 옵니다. 모두들 안 될 거로 생각했던 협상이 완성되고 저는 A사로부터 무한 칭찬을 들을 수 있었습니다. 협상은 자신감이나 신념도 확실해야 하지만 전체적으로 벌어질 각종 법률문제를 상대방에게 객관적으로 전달하고 이해시킬 필요성도 있습니다. 현재는 B사가 다시금 상표권을 재양도 받기를 원하지만 A사는 그렇게 할 이유가 없습니다. 단순양수도 계약을 했고 지금은 엄연한 상표권자이니까요! B사에 높은 가격으로 다시금 양도하든, 양도하지 않고 상표권자로서 계속적으로 남아있든 그것은 A사가 마음대로 선택할 문제입니다.

04

MOU의
법적 구속력

♀ 양해각서 MOU의 의미

업무제휴와 관련하여 작성하는 서면으로는 투자의사를 표시하는 의향서(LOI, Letter Of Intent), 상호 이해를 바탕으로 한 양해각서(MOU, Memorandum Of Understanding), 협정서 등이 있습니다. 먼저 LOI를 통해 투자의사 또는 공개입찰 참여의사를 밝히는 역할을 하는데, 이러한 LOI를 제출함으로써 M&A(Mergers and acquisitions) 대상 기업에 대한 실사권한을 얻기도 합니다.

그리고 MOU는 본 계약을 통한 법적 효력을 발생시키기에 앞서 상호 간 협상을 통해 이해한 내용을 밝히고 이러한 큰 틀에서 이견조율이 완성되었다는 점을 명확히 하여 본 계약으로 나아가는데 그 취지가 있습니다. 이러한 MOU는 아직 본 계약에는 이르지 않지만 어떤 내용에 대해서 잠정적으로 나마 합의를 이룬 내용을 문서로 정리한 후 그 정신에 위배되지 않게 향후 협력을 계속해서 본계약까지 체결하도록 상호 노력하자는 내용입니다. M&A 업무에서도 많이 나오고, 기술제휴에 대한 계약을 체결하기 전에도 많이 활용되고 있습니다. 저자가 기술거래사 자격증을 취득해서 관련 업무를 해 보니 기술제휴에 따른 기술사업화 부분도 상당히 조심스럽게 접근하고 비밀유지의무가 강하게 요구되는 영역이라 이러한 LOI 또는 MOU 형태가 많이 활용되고 있습니다.

📌 주식 및 경영권 양수도를 위한 양해각서

주식회사 ○○○(이하 "회사"라 한다)의 최대주주인 주식회사 ○○○(이하 "갑"이라 한다)와 ○○○ 주식회사(이하 "을"이라 한다)는 "갑"이 보유한 "회사"의 발행 주식(이하 "대상주식"이라 한다) 및 경영권 인수를 위한 계약(이하 "본계약"이라 한다)을 체결하는 것을 목적으로 "본계약" 체결에 필요한 기본적인 사항을 정하기 위하여 2012년 [　]월 [　]일 아래와 같이 '주식회사 ○○○ 주식 및 경영권 양수도에 관한 양해각서'(이하 "본 양해각서"라 한다) 체결에 합의한다. 다만, 당사자들은 본 양해각서의 체결로 "본계약" 체결 의무를 부담하게 되는 것은 아님을 확인한다.

제1조 (목적)
"본 양해각서"는 '주식회사 ○○○ 주식 및 경영권양수도 계약' 체결을 위한 기준을 정하는 것을 목적으로 하며, 당사자들은 "본 양해각서"의 내용 및 절차에 따라 "본계약"을 체결하기로 한다.

　　문제는 이러한 MOU 양해각서가 법률적 구속력을 가지는지에 대한 검토입니다. 예를 들어 위에서 양해각서의 서론부분을 통해 확인할 수 있는 바와 같이 "당사자들은 본계약 체결 의무를 부담하게 되는 것은 아님"이라고 하여 본계약 체결의 법적 의무는 존재하지 않는다는 사실을 명확히 하고 있습니다. 다만 제1조에서와 같이 "본계약을 체결하기로 한다."고 규정하고 있어 이는 법적 의무는 없으나 본계약 체결을 위해 최선을 다한다는 정도의 선언적 의미로 확정되는 것입니다. 사실 법적 효력을 가지는 본 계약을 체결하기 위해 상호 간 협상을 통해 의견일치를 본 부분을 확인하는 과정이라 당연히 법적 효력이 없어야 맞을 것이고 대부분은 양해각서가 법적 효력이 없다고 생각하는 경우가 많습니다. 하지만 기술사업화와 같은 계약에서는 투자자가 기술보유자와의 협상 단계에서 기술의 실체를 볼 수 있어야 하고, 기술보유자로서는 그러한 기술유출의 위험을 사전에 방지할 수 있어야 제대로 된 협상이 이루어질 수 있습니다. 이러한 경우 다른 조항은 몰라도 "비밀유지 의무"조항만큼은 양해각서 내에서도 법적 효력이 부여될 필요성이 있습니다.

♥ MOU의 법적 구속력

제OO조 (법적 구속력)
제5조 비밀유지, 제7조 권리·의무 양도금지, 제8조 진술 및 보증, 제9조 법적구속력 조항을 제외하고는 본 양해각서의 각 조항과 규정들은 법률적으로 당사자를 구속하는 효력이 없다.

제OO조 (법적 구속력)
본 업무협약은 양사의 상호 업무에 관한 협력 사항을 열거한 것으로, 제OO조를 제외하고는 법적 구속력을 갖지 않는다.

제OO조 (양해각서의 효력과 해지 및 해제)
① "본 양해각서"는 체결 즉시 효력이 발생한다. 유효기간 중 본 조 제2항 및 제3항에서 정한 사유 이외에는 해지 또는 해제할 수 없는 것을 원칙으로 하되, "본계약"과 충돌하는 경우는 "본계약"에 따르고 "본계약"에 정하지 아니한 사항에 대해서는 "본 양해각서"가 유효하다.

계약서 제대로 알고 써라

② '을'에게 다음 각 호 중 어느 하나에 해당하는 사유가 발생하는 경우, '갑'은 "본 양해각서"를 해지 또는 해제할 수 있다.

   1. '을'의 실사에 '갑'이 충분히 협조하였고 실사자료의 진정성에 대하여 의심할 합리적인 사유가 없음에도 '을'이 정당한 사유 없이 중도에 실사를 포기하는 경우

   2. '을'이 정당한 사유 없이 "본계약" 체결을 거부하거나 포기 또는 지연하는 경우

③ '갑'에게 다음 각 호 중 어느 하나에 해당하는 사유가 발생하는 경우, '을'은 "본 양해각서"를 해지 또는 해제할 수 있다.

   1. '갑'이 정당한 사유 없이 '을'의 실사에 필요한 서류 및 자료를 제출하지 않는 등 실사 작업에 협조하지 않는 경우

   2. '갑'이 정당한 사유 없이 "본계약" 체결을 거부하거나 포기 또는 지연하는 경우

   3. 회사가 상장폐지 및 관리종목지정이 될 경우

④ 제2항, 및 제3항에서 정한 사유로 "본 양해각서"가 해지 또는 해제되는 경우 해지 또는 해제하는 일방은 해지 또는 해제 전 상대방에게 문서로 5일의 기간을 주어 이행을 최고하여야 한다.

MOU의 법적 구속력에 대하여는 신사협정에 불과하므로 전혀 법적인 구속력이 없다는 주장과 MOU라 하더라도 엄연히 계약이기 때문에 쌍방을 구속하는 구속력이 있다는 주장도 있습니다. 결론적으로 MOU라는 명칭 때문에 효력이 결정되는 것은 아닙니다. 명칭이 무엇이든 그 구체적인 효력은 당해 MOU의 내용에 어떤 내용들이 규정되어 있는가, 그에 대해 양 당사자가 법적 효력을 부여할 것인지 합의하였는지에 따라 달라집니다.

일반적으로 의향서는 협상 기간 동안의 우선협상권 및 비밀유지의무 정도를 법적의무로 규정하고 나머지 사항들은 협조사항에 불과한 경우가 대부분이며, 양자가 가지는 공통의 비전에 대해서 일반적이고 추상적인 규정을 두는 경우가 많습니다. 이상과 같은 설명은 특별히 실무에서 필요 없는 무의미한 내용일 수 있습니다. 당사자가 위 샘플 조항과 같이 어느 조항에 대해서는 법적 구속력이 있는 것으로 하자고 동의하면 그 조항은 법적 구속력이 발생하는 것이기 때문에 아주 간단합니다. 특히 샘플에서 예를 들은 비밀유지, 권리·의무 양도금지, 진술 및 보증 등은 계약을 진행하기 위한 최소한의 전제 조건이 되므로 그 정도는 법적 효력을 부여하여야 현재 논의 과정이 의미가 있게 됩니다.

계약의 상대방은 대체 불가능한 조건을 가지고 있는 경우가 많고 그렇기 때문에 동업이나 협업을 하고 싶은 것입니다. 그런데 다른 사람에게 계약상 지위를 넘겨버리면 계약이 무력화될 가능성이 있으니 권리·의무 양도금지 조항도 반드시 법적 효력을 부여해야합니다. 진술과 보증의 핵심은 예를 들어 상대방이 정상적인 저작권을 가지고 있는지, 원천 기술을 가졌는지에 대한 보증이므로 반드시 법적 효력이 있어야 합니다. 이 정도는 사업을 시작하고자 하는 파트너들 사이에서 만약을 대비하여 반드시 법적 효력으로 인정받아야 하는 조항들입니다. 특히 아이디어, 콘텐츠나 원천기술 등을 보유하고 있는 일방의 경우에는 큰 도움이 되는 실효성 있는 양해각서 조항이 될 것입니다. 그래서 위 샘플 조항 하나만 양해각서에 추가하시고 어떤 조항에 법적 효력을 부여할 것이지 상대방과 논의하는 것이 정답입니다. 양해각서 부분에서는 이것만 알면 더 알고 있을 필요가 없습니다.

◎ NDA(비밀유지계약)의 필요성

앞서 설명해 드린 바와 같이 기술이나 아이디어를 사업화하기 위해서 동업계약을 체결하려고 하는 경우 체결 전에 양 당사자는 상대방에게 진짜 원천기술이 있는지 여부, 진짜 자금이나 사업화 경력이 있는지 등에 대한 확인이 필요하며 이러한 과정에서 상호 비밀유지가 핵심적인 문제로 부각됩니다.

제00조 (비밀 유지)

① '갑'과 '을'은 상대방의 동의 없이 "본 양해각서"의 체결과정, 내용, 이행 과정 등에 관하여 제3자('을'의 자문사, 컨설턴트 또는 대리인 등 이외의 자는 모두 제3자로 본다. 이하 같다)가 이를 알게 하여서는 아니 된다. 다만, 관계법령 또는 감독기관에 의하여 요구되거나, 법원의 재판에 따라 요구되는 경우 등 필요한 경우에는 그러하지 아니하며, 그 경우에는 미리 상대방에게 그 내용을 통지하여야 한다.

② '을'은 "본 양해각서"의 체결·이행과 관련하여 얻은 일체의 정보(실사를 통하여 얻은 정보포함)를 "본계약" 체결의 결정을 위해서만 사용하여야 하며, 그 이외의 목적이나 용도로 위 정보를 사용하여서는 아니 된다.

③ "본계약"이 체결되지 않고 "본 양해각서"가 종료되는 경우, '을'은 본 거래와 관련하여 얻은 정보를 모두 폐기하여야 하며, 제3자가 이러한 정보를 보유하고 있는 경우에는 '을'은 해당 제3자가 그 정보를 폐기하도록 할 책임을 부담한다.

④ 양 당사자가 위 비밀유지 의무를 불이행하여 상대방에게 손해가 발생한 경우에는 그로 인한 모든 손해를 배상하여야 한다.

위와 같은 샘플 조항을 양해각서에 추가하고 법적 효력을 부여하는 별도의 합의를 명시하면 좋습니다. 만약 좋은 사업아이디어가 있다고 했을 때 동업계약 체결 이전 단계에서 도둑질당하고 싶지 않으시다면 반드시 비밀유지 조항이 들어가서 법적 효력을 발휘해야 합니다.

　관련 사건으로 '스타강림'이라는 사건이 있었습니다. 한국의 A사가 기획안을 만들어 중국 투자자와 논의하다가 제작에 실패하였습니다. 그 후 중국 투자자는 그 기획안을 한국의 B사에 주어 아이디어는 같고 표현방식이 다른 기획안을 만들어 방송제작에 들어갔습니다. 이에 A사는 화가 나서 '방송제작금지 가처분' 소송에 들어갔습니다. 청구권원을 저작권 또는 영업비밀이라고 주장하였으나 A사는 패소하고 말았습니다. 왜냐하면 기획안은 저작권의 대상도 영업비밀의 대상도 아니기 때문입니다. 그렇다면 결론적으로 A사는 중국 투자자와 업무를 논의할 당시에 비밀유지계약을 별도로 체결하든지, 적어도 양해각서에 비밀유지 조항을 넣어 법적 효력을 부여하였어야 중국 투자자가 이러한 기획 아이디어를 함부로 사용했을 때 계약위반을 이유로 손해배상을 청구할 수 있는 것입니다.

　그러한 양해각서의 한 조항으로 포함하는 방식이 아닌 별도의 비밀유지계약(Non-Disclosure Agreement)을 체결하는 방식도 추천 드립니다. 비밀의 대상이 되는 기술의 범위, 비밀의 표시, 비밀 유지 기간, 정보 사용용도 및 정보취급자 제한, 위반 시의 손해배상, 비밀정보의 반환 및 폐기, 권리의 귀속 등 비밀유지계약이 갖추어야 할 기본적인 조항에 대해 판례와 부연 설명을 추가한 중소벤처기업부에서 제공하는 샘플 NDA 양식이 있으니 이를 활용하시면 도움이 될 것입니다.

PART.

구두계약의 효력

♡ 구두계약이란?

　구두계약이란 신발계약이 아니라 말로 하는 계약을 말합니다. 즉 계약의 완성은 되었는데, 그 형식이 서면이 아닌 구두로 표현된 상태를 말하는 것으로서 일반적으로 상대방이 일정한 발언을 했다는 정도의 주장만으로는 구두계약으로 볼 수 없습니다. 아래에서 사례를 설명해 드리겠지만 예를 들어 상대방이 "부동산을 팔겠다."라는 말을 했다는 등의 주장은 구두계약 주장에 해당하지 않습니다. 부동산을 특정하고, 계약금, 중도금, 잔금 지급 일자를 특정하는 등 종이에 옮겨 적기만 하면 되는 정도 수준에 이르러야 구두계약이 체결되었다고 봅니다. 그렇게 어느 정도 부동산 매매에 대한 가닥이 잡혔다고 하더라도 대부분은 계약체결 날짜에 가서 변심에 따른 계약파기가 많이 발생합니다. 그래서 이 단계에서는 계약을 체결하였다는 증거로서 계약금을 걸어두는 작업을 하는 것입니다.

　결국 계약체결이 완성되지 아니한 상태에서 어느 단계까지를 계약체결의 완성으로 볼 것이냐의 문제와 계약체결은 완성되어 상호 계약의 이행을 하고 있으나 서면만 존재하지 않는 법적상태의 문제를 구분할 수 있어야 합니다. 전자의 경우에는 구두계약의 문제보다는 오히려 계약의 성립 여부나 계약체결의 완성 여부의 문제이기 때문입니다.

♡ 녹취록의 활용

이러한 구두계약의 성립을 주장하거나 증거채집을 위해 최근 녹취가 활발하게 일어나고 있는 추세입니다. 저자도 변호사로서 생활하면서 상대방 당사자나 상대방 대리인과의 통화는 녹취를 통해 의뢰인에게 전달할 때도 많습니다. 그러한 녹취는 대화 당사자 간의 녹취로 불법감청이 아닙니다. 만약 대화 당사자가 아닌 여러 명이 한 공간에서 대화를 나누는데 이러한 공간에서의 녹취는 감청에 해당하여 불법증거수집이 될 수 있다는 점을 염두에 두셔야 합니다. 그리고 아이폰이 사진이 이쁘게 나오기는 하나 녹취기능이 없으니 스마트폰을 잘 골라 사용해야 한다는 점도 알고 계셔야 합니다.

요즘은 스마트폰의 녹취기능이 워낙 잘되어 있어 녹취자료가 소송의 증거로 상당히 많이 활용되고 있습니다. 하지만 녹취할 때도 팁을 드리자면 녹취 상대방에 "응", "일단 알겠고" 등의 애매한 대답은 계약 조항이나 계약 내용에 대한 확인 및 동의로 보기 힘들기 때문에 구체적인 사실관계를 확인 할 수 있는 정도의 녹취가 필요하다는 점을 말씀드립니다.

♡ 구두계약의 구속력

결론은 구두계약도 계약이므로 효력이 있습니다. 효력은 있지만 만약 상대방이 그 계약체결사실 또는 계약내용을 부인할 경우나 다르게 주장할 때 이를 재판에서 구체적으로 입증하기에는 어려움이 있을 수 있습니다. 따라서 효력의 문제가 아니라 입증의 문제 때문에 서면으로 증빙을 남겨놓지 않으면 낭패를 볼 수 있습니다. 만약 계약서를 분실했다고 해서 계약의 효력이 사라지는 것은 아니지만 계약체결 사실과 계약 내용을 입증하기에는 어려움이 있습니다.

　예를 들어 차용증 또는 소비대차계약서라고 하는 서면을 작성하지 아니하고 돈을 빌려주었다고 생각해봅시다. 원금, 이자, 변제기, 변제방법 등이 구두로 협의를 하여 돈은 계좌이체가 이루어졌습니다. 구두계약이 성립하였고 당사자들은 계약을 진행하는 중입니다. 이제 채권자는 변제기에 원금과 이자 상환을 요구합니다. 그런데 갑자기 채무자가 이것은 투자금이지 빌린 돈이 아니라고 합니다. 그러면 그때부터 채권자는 소비대차의 증거에 대한 수집을 시작해야 하고, 대여금반환청구소송이라는 소송을 통해 각종 간접증거를 제출하여 판결을 통해 소비대차를 인정받아야 하는 번거로움이 생긴다는 뜻입니다. 이런 경우에는 채무자가 원금을 제때 지급하지 못해 변제가 지연되고 있을 때 채권자로서는 차용증이 없다는 사실을 인지하고, 늦었지만 소비대차 공증이라도 받아 두어야 추후 소송 없이 강제집행도 진행할 수 있다는 사실을 팁으로 알려드립니다.

♡ 하도급법의 서면작성 의무

　저자는 동반성장위원회(대중소기업협력재단) 소속 하도급법 교육강사로서 다년간 STX중공업, 한화S&C, 한국3M, LG이노텍, 삼성SDI, KT 등 대기업을 상대로 수·위탁거래공정화교육 강의를 해왔습니다. 영역별 계약서 작성에서 또 다시 설명해 드릴 기회가 있겠지만 구두계약 파트에서는 하도급법의 대원칙인 구두발주 금지를 설명해 드리지 않을 수 없습니다.

　구두계약은 입증의 문제가 있다는 점을 앞서 설명해 드렸습니다. 하지만 갑과 을의 관계에서는 갑질의 수단으로 활용되기에 딱 좋은 것이 바로 구두계약입니다. 나중에 갑은 딴소리를 할 수 있기 때문입니다. 그래서 하도급법의 시작은 서면작성과 교부의무라고 해도 과언이 아닙니다. 하도급법은 서면의 기재사항, 작성기한, 보존기한, 확인요청 등을 규정하고 있습니다.

법원도 서면작성의무를 매우 엄격하게 보고 있는데, 서울고등법원 2008. 9. 3. 선고 2008누2554 판결에서는 "하도급거래 계약기간이 종료된 이후 동일한 내용으로 종전계약기간을 연장하기로 합의하였다고 하더라도, 원사업자로서는 연장된 계약기간을 명시한 계약서면을 작성하여 수급사업자에게 교부할 의무가 있다고 할 것이다."라고 설시하면서 갱신계약의 경우에도 서면을 작성해야 한다는 점을 명확히 하였습니다.

만약 이러한 의무를 위반한다면 그 사실 자체만으로 하도급법 위반으로 처벌받게 됩니다. 그러므로 원사업자로서는 수급사업자와의 거래에 있어서 반드시 서면으로 나가야 할 항목들이 어떤 것이 있는지 점검할 필요가 있고 그 리스트를 공유해 드리자면 아래와 같습니다. 하도급법을 담당하는 계약 담당자나 컴플라이언스 담당자는 서면 발급 의무가 있는 아래 조항들에 대한 사전점검을 게을리해서는 안 될 것입니다.

» 기본계약서(추가, 변경 계약서 포함)(제3조)
» 하도급계약확인서(제3조제6항)
» 하도급대금 감액서면(제11조)
» 기술자료제공요구서(제12조의3)
» 목적물 등 수령증명서(제8조)
» 검사결과통지서(제9조)
» 계약변경내역통지서(제16조)

◎ 계약의 성립과 불성립

계약의 성립과 관련하여서는 최근 저자가 진행했던 사건 하나가 큰 기준이될 수 있을 것 같아 2022년 7월 뉴스레터로 작성한 내용을 아래에서 공유해드리고자 합니다. 저자가 금융법 전공자로 회계법인 관련 소송을 많이 한다는 사실은 공지의 사실입니다. 그러다 보니 아래 사건과 같이 회계법인의 재감사 거절과 관련된 계약의 체결 쟁점까지 다룰 기회를 얻었습니다. 해당 사건은 상대방이 대형로펌을 통해 진행하였는데, 1심에서 보기 좋게 패하고 항소하지 않아 1심 승소 후 바로 확정되었습니다.

"의견거절 이후 재감사 요청을 거절한 회계법인은 손해배상책임 없다."

외부감사인으로부터 **의견거절을 받은 회사**가 상장폐지 개선기간 부여 당시 해당 외부감사인에게 재감사를 요청하였습니다. 그리고 재감사를 수행하기로 의견일치가 있었으므로 **재감사 계약이 체결**된 것이고, 그렇지 않다고 하더라도 **재감사 계약이 확실히 체결될 것 같은 기대 내지는 신뢰를 부여**하였으므로 재무제표 수정작업을 위한 PA(회계자문)계약 비용 등 재감사를 거절하여 발생한 **16억 상당의 손해를 배상**하라는 소송을 제기하였습니다.

명시적으로 **재감사 계약서를 쓰지도 않았는데,** 재감사 계약을 거절했다고 이러한 손해배상청구소송을 일으키게 된 진짜 계기는 의견거절에 따른 상장폐지를 당하고 그 화풀이를 외부감사인에게 하고 있다는 것입니다. 소액투자자들이 집단으로 소송을 제기한 **관련 사건들이 5개나 더 존재**하고 있었는데, 그 관련 사건들에서도 공동피고인 회사가 자기 항변보다는 계속해서 외부감사인 탓만 하는 변론을 진행하고 있었습니다. 이렇게 여러 가지로 회계법인을 골치 아프게 하고 있었기 때문에 **반드시 회계법인 책임 없음이라는 승소판결문이 필요**하였습니다.

본 사안의 기본적인 법리는 계약법적 관점에서 계약체결의 인정 여부 및 계약체결에 대한 기대 또는 신뢰가 어느 정도 수준에서 형성되는지 여부였습니다. 그래서 "계약조건에 관한 협의는 당사자 사이에 계약 체결을 위한 교섭과정에서 충분히 논의될 수 있는 내용이지 **이를 두고 재감사 약정이 확실하게 체결되리라는 기대나 신뢰를 부여하였다고 볼 수 없다.**"라는 기준을 명확히 하였습니다. 그리고 그 구체적인 내용은 외부감사인인 회계법인의 입장에서 **의견거절을 받은 회사와 다시금 재감사계약을 체결하는 것이 실무적으로 어떠한 의미를 내포하고 있는지**를 명확하게 밝히는 것이었습니다.

하지만 회사가 소송의 전제부터 간과한 사실이 있었습니다. 즉 회사는 겉으로는 "재감사 계약을 체결할 것이다."에 대한 기대가 있었다고 주장하지만 사실은 "재감사를 하면 적정의견이 나올 것이다."라는 기대를 하고 있었기 때문에 만약 회계법인이 **"재감사 약정을 체결하여 보수를 모두 지급받은 후에도 여전히 의견거절 취지의 재감사보고서를 작성할 수도 있다."라는 점**은 회사에게 불리한 사실이었고 회계법인의 재감사 거절이 전혀 위법으로 보이지 않는 이유였습니다. 그리고 법원에서는 증인신문과 변론종결 당시에도 이를 중요시 보았습니다.

또한 무엇보다 **"감사의견거절을 표명하게 된 사유가 해소되지 아니하여 재감사업무를 수임하더라도 기존 감사의견이 변경될 가능성이 없다는 판단**

이 들 경우에는 재감사를 거절할 수 있다."라는 원론적인 판결을 함으로써 법원은 고도의 전문 지식과 경험 및 판단이 필요한 감사 영역에서 감사인의 재량을 크게 인정하였고, 감사의견에 명백한 오류가 존재하는 등의 특별한 사정이 없으면 **감사인의 감사의견은 존중되어야 할 필요가 있다**고 보았습니다. 최근 외감법 개정에 따라 외부감사인의 책임이 강화되었고, 적정의견을 내는 것이 엄격해진 추세에 맞추어 **의견거절에 따른 분쟁이 이전보다 많이 발생**하고 있는 상황입니다.

결국 이번 판결은 **"의견거절 이후 재감사와 관련된 계약법상 법리를 명확히 확인시켜 준 판결"**로서, 향후 외부감사인의 재감사 업무에 있어 중요한 기준이 될 것입니다. 그리고 저에게는 향후 관련 소액투자자들 소송에서도 공동피고인 회사의 주장이 근거 없음을 밝혀 줄 수 있는 좋은 계기가 될 것으로 기대합니다.

⊙ 구두로 협의한 내용과 계약의 충돌 방지

제00조 (계약의 효력)
① 이 계약의 효력은 계약 체결일로부터 발생한다.
② 이 계약은 그 내용과 관련하여 협의, 논의, 합의, 회의록, 비망록, 메모, 이메일, 양해각서 기타 그 명칭 여하를 불문하고 과거로부터 이 계약 체결일까지 당사자 간의 일체의 구두 또는 서면의 합의나 의사에 우선하며, 그와 같은 구두 또는 서면의 합의나 의사는 이 계약의 내용과 충돌하거나 상반되는 한 효력이 없다.
③ 당사자는 이 계약의 내용을 보충·변경하거나 이 계약에서 정하지 아니한 사항을 규정하기 위하여 양 당사자의 합의에 의하여 서면으로 된 부속 합의서를 작성할 수 있으며, 서명 날인된 부속 합의 내용은 [별지]에 정하여, 이 계약서의 말미에 첨부한다.

계약은 체결 전과 후로 나눌 수 있습니다. 체결 전에는 각종 논의를 하고 체결 후에는 변경이라는 것을 합니다. 이러한 계약 체결의 전후 과정에 대해서도 규정을 둘 수 있습니다. 그래서 어떤 계약서에도 넣을 수 있는 일반적인 조항 하나를 알려 드리겠습니다.

일단 위 샘플 조항에 관해 설명해 드리자면 제1항은 사실 크게 의미는 없습니다. 넣어도 되고 안 넣어도 계약체결일로부터 계약이 효력을 발휘하는 것은 특별한 사정이 추가로 발생하지 않는 한은 당연한 이야기입니다.

제2항이 주로 언급되는 조항입니다. 사실 계약 체결 전에 많은 협상과 논의가 오고 가는데, 이러한 계약 체결 단계에서 진행된 이야기들이 이후에 체결된 계약서 내용을 혼란스럽게 만드는 경우가 종종 있습니다. 이런 경우를 대비해서 계약 논의를 많이 한 계약일수록 반드시 계약서 내용 우선 조항을 두어 대비할 필요가 있습니다. 다만 소송에서 주로 문제가 되는 것은 그러한 사전 논의와 관련된 각종 자료가 계약의 내용과 상반된 경우가 아니라 애매한 계약서 조항을 어떻게 해석할 것인가에 대한 해석기준으로 활용되는 경우가 많다는 것입니다. 그러므로 제2항과 같은 조항이 있다고 하더라도 사진 논의 자료들이 계약서 해석에 대한 근거로 작용하는 것까지를 막을 수는 없습니다.

제3항과 같은 계약의 변경 가능성 및 그 절차에 대한 조항은 제1항과 마찬가지로 사실 특별한 의미는 없습니다. 기존 계약서에 변경을 가하는 변경계약서의 경우에는 당연히 양 당사자의 합의로 별도의 서면을 작성해야 하기 때문입니다. 사실 일방이 상대방의 동의 없이 계약 변경을 할 수 있는 정도 수준의 계약 조항이라면 반드시 상호 힘겨루기를 통해 검토해야 하겠지만 합의에 따른 계약 변경 조항이야 쓰나 안 쓰나 합의만 하면 뭐든 다할 수 있는 사적자치의 원칙상 별 의미가 없기 때문입니다. 그래서 실질적인 도움은 못 되어도 형식적으로 변경 가능성을 염두에 두는 조항은 종종 찾아볼 수 있습니다.

오히려 제3항과 같은 경우에 "기존계약서와 변경계약서가 충돌할 경우, 변경계약서가 우선한다."와 같은 조항이 추가될 필요가 있습니다. 팁을 드리자면 기존계약서에서 그대로 유지될 조항과 변경계약서를 통해 변경하거나 추가할 조항을 구분하고 이를 일일이 명시하는 것이 제일 좋습니다.

PART.

계약체결의 당사자

⊙ 법인과 대표자의 구분

법률관계 검토의 시작은 당사자가 누구인지 특정하는 것입니다. 회사를 운영하시는 많은 분이 본인의 법률관계와 법인의 법률관계를 혼동하시는 경우가 많습니다. 본인(자연인)과 법인은 엄연히 다른 법인격체로서 법률계약의 당사자도 완전히 다릅니다. 법인은 그 자체로 권리, 의무의 주체가 될 수 있는 인격체입니다. 이러한 법인을 대내외적으로 대표하는 것은 자연인인 대표이사이므로 대표이사와 법인은 서로 동일인은 아닙니다. 별개의 법적 주체가 되는 것입니다.

개인사업자라면 당연히 개인이 채권·채무의 주체가 되기 때문에 무한책임을 질 수밖에 없습니다. 만약 여러분이 개인사업체를 운영하면서 대기업이 진행하는 큰 프로젝트에 용역을 제공했다고 가정한다면 그러한 용역에 하자가 발생하여 큰 손해가 발생하는 순간 대기업이 진행하는 프로젝트이므로 경제적 손실효과도 큰 결과가 벌어질 것입니다. 대기업은 당연히 개인사업체에 배상책임을 지라고 요구하고 안 되면 구상권이라도 행사할 텐데 그러한 위험을 개인이 모두 떠안아야 합니다. 결국 개인파산으로 가는 길만 남았습니다. 이러한 경우 법인을 만들어서 법인사업체를 통해 일을 진행하면 법인이 계약의 당사자이고 법인의 자력으로 모든 책임을 지게 되므로 최대 법인파산으로 마무리되는 것입니다. 회사를 운영하는 개인은 연대보증을 특별히 하지 않는 이상 이러한 배상책임으로부터 자유롭게 되는 것입니다.

그렇다면 법인이 계약의당사자임을 특정하는 방식은 어떤 것이 있을까요? 법인의 대외적인 행위표시를 하는 사람은 대표이사입니다. 하지만 대표이사가 주체가 아니라 법인이 주체가 되는 표시방법은 "법인명 + 법인주소 + 대표이사 명칭 + 대표이사 자연인 이름"이 모두 들어가야 합니다. "(주)기업법무 대표이사 조상규 (인)"이 되는 것이지요. (인)에는 조상규 개인 도장을 찍는 것이 아니라 반드시 법인인감을 찍었는지 확인해야 하고 법인인감증명서를 첨부하도록 하면 더욱 좋습니다. 법인의 대외적인 행위는 대표이사가 직접 해야 하는데 만일 다른 사람(임직원)이 계약하려면 반드시 위임장(대표이사가 해당 직원에게 계약체결의 권한을 위임했다는 내용)을 내도록 해야 합니다. 요약하자면 법인과 계약 체결 시 행동지침으로는 첫째 대표이사가 아닌 자가 계약을 체결하러 오면 반드시 위임장을 받도록 하고, 둘째 계약서에는 반드시 "법인명 + 법인주소 + 대표이사 명칭 + 대표이사 자연인 이름"이 모두 기재되어 있는지 확인 합니다. 마지막으로 계약서에는 법인인감을 찍고, 법인인감증명서를 첨부하도록 한다는 것입니다.

⊙ 연대보증의 활용

앞서 법인과 대표자의 구분을 살펴보았으나 은행에서 대출을 쓸 때 연대보증을 필수적으로 요구하는 경우가 많다는 점, 법인관련 세금을 내지 않고 법인이 무자력이 될 때는 대주주인 회사의 대표는 2차 납세의무에 따라 법인이 내지 못한 세금을 내야 하는 경우도 발생한다는 점 등은 주의해야 합니다.

회사의 경영자들은 자신이 회사의 채무에 대하여 자신이 책임지는 것이 아닌지 궁금해하는 경우가 많습니다. 간단히 설명해 드리자면 연대보증계약만 따로 체결하시지만 않는다면 절대로 전문경영인인 대표이사가 회사의 채무에 대해 책임질 일은 없습니다. 다만 대표이사는 회사의 기관일 뿐이고 대부분 대주주라는 지분권자의 지위도 함께 가지고 있는 경우가 많습니다. 주주의 지위와 경영자의 지위는 완전히 다른 개념입니다. 대주주라도 이사회의 구성원이 되지 않을 수도 있고 대표이사가 될 수도 있는 것입니다. 다만 2차 납세의무란 것이 있는데, 법인의 대주주나 사업 양도인이 세금을 내지 못하면 과점주주나 사업양수인에게 부족한 세금을 물리는 과세방식으로서 이러한 납세와 관련한 과점주주의 채무는 존재합니다.

대표이사가 보증책임을 지는 경우와 관련한 사건을 수행한 적이 있었는데 회사의 전환사채 발행과 관련하여 발행회사가 사채권자에게 부담하는 사채원리금 채무 등 일체의 채무와 관련한 연대보증이었습니다. 저자는 사채권자의 대리인으로서 상환금 청구를 하였는데, 대표이사는 자신이 최대주주로서의 권리를 양도하고 대표이사직에서 사임하였기 때문에 보증책임을 질 수 없다는 항변이었습니다. 사실 보증채무계약의 기한의 이익 상실 조항에는 사채권자의 동의 없이 경영권 변동이나 최대주주 지분매각을 할 수 없다는 조항이 포함되어 있었기 때문에 대표이사의 직 사임 자체가 사채원리금청구권 발생의 원인을 제공했을 뿐 어떤 면책 사유도 존재하지 않은 사건이었습니다.

또한 대법원도 이사가 재직 중 회사의 확정채무를 보증한 후 사임한 경우, 사정변경을 이유로 보증계약을 해지할 수 있는지에 대하여, "회사의 이사가 채무액과 변제기가 특정된 회사 채무에 대하여 보증계약을 체결한 경우에는 계속적 보증이나 포괄근보증의 경우와는 달리 이사직 사임이라는 사정변경을 이유로 보증인인 이사가 일방적으로 보증계약을 해지할 수 없다(대법원 1991. 7. 9. 선고 90다15501 판결, 1999. 12. 28. 선고 99다25938 판결 등 참조)."라고 판시하고 있습니다.

♀ 위조의 항변

"사문서는 본인 또는 대리인의 서명이나 날인 또는 무인이 있는 때에는 진정한 것으로 추정되므로(민사소송법 제358조), 사문서의 작성명의인이 스스로 당해 사문서에 서명·날인·무인하였음을 인정하는 경우, 즉 인영 부분 등의 성립을 인정하는 경우에는 반증으로 그러한 추정이 번복되는 등의 다른 특별한 사정이 없는 한 그 문서 전체에 관한 진정성립이 추정됩니다(대법원 2003. 4. 11. 선고 2001다11406 판결)."

꼭 알아두셔야 하는 부분이라 좀 더 쉽게 설명해 드리자면, 상대방의 대금지급의무가 명시되어 있는 약정서가 있다고 칩시다. 우영우변호사의 재판이라 생각하시고, 이 약정서의 내용만으로 상대방에게 대금지급의무이행을 요청할 수 있습니다. 재판에서 진짜 중요한 서류인데, 우리가 증거로 제출한 이 약정서를 상대방이 위조되었다고 주장하는 경우 그러한 약정서가 어떻게 증거로 쓰이느냐의 문제입니다.

일단 약정서에 찍힌 상대방의 인영(인장이 찍힌 도장의 모양)이 상대방의 도장 인영이 맞는지를 먼저 감별합니다. 상대방이 인영조차도 내 도장의 모양이 아니라고 하는 경우에는 인영감정이라는 감정인의 감정절차를 거치게 됩니다. 이렇게 인영이 "상대방의 인영이 맞다."라는 결과가 나오면 판사는 그 인영은 상대방이 스스로 인장으로 찍은 인영이라고 추정해버립니다. 즉 인영 부분이 진정성립이 인정되면 문서전체가 진정으로 성립되었다고 보아 상대방이 그 인영을 찍은 것으로 봐버립니다. 이것을 사문서의 진정성립에 대한 2단계의 추정이라 하고, 상대방이 내가 찍은 인영이 아니라고 주장하는 것이 인장도용의 항변이라고 하여 누군가가 내 도장을 훔쳐가서 찍은 것이라는 항변을 말합니다. 사실 상대방이 인장도용의 항변을 주장할 때는 입증을 상대방이 직접해야하는데 그 입증은 정말 쉽지 않기 때문에 본 사건의 대금지급의무이행을 담은 약정서는 진정으로 성립되었다고 보고, 상대방이 위조의 항변을 해도 이를 법원에서 받아들이지 않는 것입니다.

그런데 만약 약정서 내용은 공란으로 되어 있는 상태에서 먼저 서명날인만 되었다면 나중에 우리가 그 공란을 메웠다고 상대방이 주장한다면 어떻게 될까요? 법원은 "인영 부분 등의 진정성립이 인정되는 경우, 그 당시 그 문서의 전부 또는 일부가 미완성된 상태에서 서명날인만을 먼저 하였다는 등의 사정은 이례에 속한다고 볼 것이므로 완성문서로서의 진정성립의 추정력을 뒤집으려면 그럴 만한 합리적인 이유와 이를 뒷받침할 간접반증 등의 증거가 필요하다고 할 것이고, 만일 그러한 완성문서로서의 진정성립의 추정이 번복되어 백지문서 또는 미완성 부분을 작성명의자가 아닌 자가 보충하였다는 등의 사정이 밝혀진 경우라면, 다시 그 백지문서 또는 미완성 부분이 정당한 권한에 기하여 보충되었다는 점에 관하여는 그 문서의 진정성립을 주장하는 자 또는 문서제출자에게 그 입증책임이 있다(대법원 2003. 4. 11. 선고 2001다11406 판결)."고 보고 있습니다. 즉 인영 부분 등의 진정성립이 인정된다면 다른 특별한 사정이 없는 한 당해 문서는 그 전체가 완성되어 있는 상태에서 작성명의인이 그러한 서명·날인·무인을 하였다고 추정한다는 것이 법원의 입장입니다.

♡ 공증의 활용과 채권회수

실무에서 많이 활용되는 공증에 관하여 설명을 드리고자 합니다. 많은 분들이 공증을 받아 놓으면 안심이라는 생각을 하시거나 상대방이 공증을 서

주었다는 사실에 대해 매우 흡족해 하시는 사건들을 많이 보는데 안타까울 따름입니다. 공증은 종이입니다. 종이는 종이일 뿐입니다.

공증을 이야기할 때 제일 먼저 말씀드리는 것이 바로 담보입니다. 담보를 추가로 잡아 놓고 공증을 해야 의미가 있는 것이지 공증만 하면 향후 채무자가 아무런 자력이 없어지면 공증은 의미가 없습니다. 즉 판결문을 받으면 뭐 합니까? 집행을 해서 돈을 회수해야 의미가 있지요. 그런 의미입니다. 그래서 공증 할 때는 기본적으로 소비대차 공증을 주로 하게 되는데, 인적 담보(연대보증인 등)가 되었든 물적담보(부동산 저당권 등)가 되었든 담보를 확보하는 것이 우선입니다.

그렇다면 공증은 어떤 경우에 위력을 발휘하느냐를 말씀드리겠습니다. 첫째 사례는 상대방과 여러 차례 금전거래, 동업 등 복잡한 관계가 형성되어 있는데 최종 정산금액을 받고 관계를 정리해야 하는 때입니다. 이러한 사례를 법원으로 가져가서 소송을 하게 되면 청구원인을 동업관계 정산으로 설정해야하고 재무자료 등 모든 자료를 분석하여 정산금을 다시금 산정하여 청구금액을 계산해야 합니다. 시간도 오래 걸리고 복잡합니다. 이럴 때 상대방과 이야기해서 어느 정도 금액의 타협이 이루어졌다면 상대방이 지급을 못 해서 미안해할 때 소비대차 공증, 약속어음 공증을 해두면 아주 간단합니다. 이유 불문하고 지급기한까지 해당 금액을 지급 못하면 공증에 따른 강제집행을 하면 되므로 복잡한 소송을 거치지 않아도 됩니다. 즉 동업관계가 단순 돈 빌려준 관계로 전환되고 그 금액만 청구하는 판결문 정도를 받아낸 깔끔한 관계가 됩니다.

두 번째 사례도 유사한 부분이 있는데, 돈을 빌려주고 못 받고 있는 경우에는 상대방이 연락이 닿고 미안해할 때 공증이라도 받아 두는 것이 좋습니다.

이런 경우에는 공증이 판결문의 역할을 하므로 따로 소송을 거치지 않아도 됩니다. 변제기 이후 바로 집행하면 됩니다. 다시금 말씀드리지만 집행할 때 채무자 1인의 자력만을 보고 덤벼들었다가 빈 깡통이라는 사실을 발견하면 허탈해지니, 상대방이 조금이라도 채무변제를 위해 적극적일 때 지인을 연대 보증인으로 추가하는 작업을 하시면 좋습니다. 저자도 이렇게 자문하여 실제로 채권추심에 성공한 사례가 있습니다.

　참고로 재판과 관련해서 한 가지 더 팁을 드리자면 임차인이 계약기간 종료 후 스스로 퇴거하지 않으면 명도소송을 해야 하는데, 명도소송은 생각보다 시간이 오래 걸립니다. 명도소송 하는 중에 보증금이 밀린 임차료를 다 제하고 나면 아무것도 남지 않는 경우라면 임대인이 상당히 큰 피해를 볼 수 있습니다. 그래서 이때는 공증이라는 제도가 아닌 제소전 화해라는 제도를 이용합니다. 임대차계약을 설정할 때 임대인과 임차인이 법원에 미리 한 번 가서 만약 계약이 종료하면 명도를 할 것을 판결로 받아 놓는 것입니다. 그래서 이름이 제소전 화해입니다.

　소송을 걸기 전에 미리 명도 소송에 관한 양 당사자의 합의를 만들어 놓아 즉시로 명도집행을 할 수 있도록 하는 것입니다. 양아치 임대인도 많지만 변호사 생활을 하면서 새삼 느낀 점은 드라마나 영화와는 달리 양아치 임차인, 양아치 채무자도 생각보다 많다는 사실입니다. 지금까지 양아치 임차인을 퇴치하는 꿀팁이었습니다.

PART.

내용증명의 활용

♀ 내용증명의 법적효력

　계약서의 작성과 검토를 논하면서 갑자기 웬 내용증명이냐고 할 수 있습니다. 하지만 내용증명은 최고와 해제 등의 의사표시를 전달하여 법률효과를 발생시키게 만드는 수단으로서 가장 일반적으로 사용되는 방법이므로 반드시 그 활용을 익히셔야 합니다. 내용증명은 발송하는 우편물의 내용인 문서내용을 등본에 의하여 증명하는 절차로서 문서를 보냈다는 증거를 남겨 문서의 내용이 상대방에게 전달되었다는 사실을 확보하는 절차에 쓰이는 수단이라고 보시면 됩니다.

　법적 분쟁을 시작할 당시 상대방으로부터 내용증명을 받아 본 경험이 있으실 겁니다. 내용증명은 변호사가 대신 쓰면 한글적인 의미라도 알아먹을 수 있으나 당사자가 직접 쓴 경우에는 도대체 문법이 맞지 않아 이해하기 힘든 표현도 많이 있을 것입니다. 즉 내용증명은 그냥 편지입니다. 상대방이 아무리 무시무시한 협박성 문장을 많이 썼다고 해도 이는 그냥 상대방의 말일 뿐입니다.

　내용증명에는 법적분쟁에 대한 양당사자의 의견들이 담겨있는데, 소송으로 치면 준비서면과 반박준비서면 같은 개념입니다. 하지만 진짜 소송으로 가는 경우에 소송의 증거자료로 상호 입장을 명확하게 분별할 수 있어서 소제기 전 양당사자가 어느 정도까지 의견 불일치가 발생하였는지 쉽게 알 수 있습니다. 권리자가 권리자로서 제대로 된 권리행사가 없었다면 진짜 소송에서 판사는 권리자의 행동을 의심할 수도 있을 것입니다.

즉 내용증명은 상호 간에 어떤 부분에서 의견대립이 있고, 어느 부분을 해결해야 하는지 알 수 있는 히스토리가 되겠습니다.

◉ 내용증명에서 상대방이 요구하는 답변 기한

자문을 구하는 많은 분들이 겁에 질려 상대방이 보낸 내용증명에 "7일 내에 답장을 하라!"라고 적혀 있다는 이유로 꼭 답장해야 하는 것으로 생각하시는데 전혀 그렇지 않습니다. 답장할 의무도 없고 심지어 7일을 지켜야 할 의무도 없습니다.

◉ 최고와 해제의 의사표시

하지만 채무불이행 사실이 발생하여 최고 및 해제가 문제될 경우 주의해야 합니다. 최고란 상대방이 채무불이행할 때 채무를 이행하라고 재촉하는 것을 말합니다. 대부분 최고에는 채무불이행을 해소할 기간을 설정하여 최고를 하게 되는데, 평균적으로 일주일, 10일, 한 달 정도를 많이 사용합니다. 해제는 말 그대로 상대방이 채무불이행을 해소하지 못하여 계약을 해제한다는 의사표시를 전달하여 계약이 소급하여 무효화 되는 법적 효과를 말합니다.

최고 및 해제에서 구체적으로 설명해 드리겠지만 법률적 효력을 발생시키는 의사표시의 경우에는 그 의사의 전달을 증명하기 위해 내용증명을 활용하는 것입니다. 최고의 경우에도 계약서에서 1주일이든, 10일이든 명확하게 적어 두었다면 최고의 의사표시가 담긴 내용증명을 받고 그 기간 내에 채무불이행 사실을 해소하면 됩니다. 그리고 특별히 그러한 기간을 정해두지 않았다고 하더라도 최고에 따른 계약의 이행이 상식적으로 가능한 기간 내에서 계약의 이행을 하는 것이지 그러한 기간을 물리적인 시간이 부족할 정도로 상대방이 마음대로 설정하여 내용증명으로 전달하였다고 하더라도 이는 법적 효력이 없습니다. 즉 상관례 상 기계의 수리 등은 한 달 정도 걸리는 것임에도 불구하고 일주일 안에 수리를 완료하지 않으면 계약을 해제하겠다는 의사표시를 하는 것을 예로 들 수 있습니다. 이러한 경우 일주일이라고 내용증명에서 밝혔다고 하더라도 한 달 정도가 되도록 수리 완료가 이루어지지 않아야 해제할 수 있다고 봅니다.

관련하여 부동산 분양 잔금 지급과 부동산 소유권이전등기가 동시이행 관계가 되어 상호 미이행 상태에서 부동산 분양계약의 양 당사자가 첨예하게 대립한 사건이 있었습니다. 분양하는 사업자는 소유권이전등기 관련서류를 모두 법무사에 맡기고 수분양자에게 잔금을 일주일 이내에 지급하지 않으면 전체 계약을 해제하겠다는 최고의 의사표시가 담긴 내용증명을 발송합니다. 이러한 경우 수분양자는 내용증명을 송달받자마자 재빨리 잔금을 구해서 일주일 이내에 지급하고 소유권이전등기를 완료하여야 합니다. 그렇지 않으면 일주일이 되는 날 분양사업자는 일주일 내에 잔금을 지급하지 못하였으므로 계약을 해제하고 계약금을 몰취한다는 의사표시가 담긴 두 번째 내용증명을 발송할 것이고 이렇게 되면 수분양자는 분양 물건을 잃게 되고 계약금도 날리게 되는 불이익이 발생합니다. 이럴 때 내용증명이 그 위력을 발휘하게 되는 것입니다.

계약서 제대로 알고 써라

♀ 내용증명 작성방법

　이렇게 내용증명에서 밝힌 입장은 향후 진짜 소송이 시작될 때 승패를 가리는 증거가 될 가능성이 있으므로 구체적인 내용과 요점을 되도록 간결하고 명료하게 작성하는 것이 좋습니다. 구체적인 방법을 조금 설명해 드리자면 표지의 경우에는 아래와 같이 변호사가 작성할 때는 발신인이 변호사가 되고, 본인은 발신의뢰인으로 적시됩니다. 변호사를 통하지 않을 때는 당연히 발신인의 성명과 주소를 쓰면 됩니다. 제목도 특별히 정해진 방식은 없으나, 상대방의 내용증명이 이미 한 차례 온 경우라면 "2022. 5. 18.자 내용증명에 대한 회신의 건"이라는 제목을 붙여서 반박 내용증명이라는 사실을 명확히 하는 것도 좋습니다.

일　　　자: 2021. 10. 14.

수　　　신: ㈜○○○○

　　　　　　서울시 영등포구 ○○○○

　　　　　　대표이사 김○○

발　　　신: 법무법인(유한) 주원

　　　　　　서울 용산구 서빙고로 67(용산동) 파크타워 103동
　　　　　　1207호

　　　　　　담당 변호사 조상규

발 신 의 뢰 인 : 이○○

제　　　목: 권리금 회수기회 방해 중지 요청 및 계약갱신 관련

　그리고 내용증명의 서두에는 아래와 같이 발송의뢰를 받은 사실과 내용증명을 보내는 취지 정도를 미리 밝히면 됩니다.

1. 귀사의 번영과 발전을 기원합니다.
2. 법무법인(유한) 주원은 ○○○ 대표 이○○(이하 임차인)의 법률대리인으로서, 모든 법적 절차에 관한 일체의 권한을 위임받았으므로 귀사가 발송한 2021. 9. 28.자 내용증명에 대하여 다음과 같이 통지합니다.

1. 귀사의 무궁한 발전을 기원합니다. 본 법무법인은 발신의뢰인 '주식회사 ○○○'(이하 '○○○')를 대리하여 본 건 내용증명을 귀 법인에 발송하오니 이 점 양지하여 주시기 바랍니다.
2. 귀사가 보낸 2022. 5. 18.자 내용증명(이하 '내용증명'이라 함)에 대하여 ○○○는 깊은 유감을 표하며, 잘못된 사실관계들을 바로잡고자 아래와 같이 회신 드리고자 합니다.

이제부터는 본문을 써내려 가면 되는데, 실무에서는 문단별로 번호를 달아 계약체결 사실, 계약서 조항의 명시, 계약위반 사실의 적시, 이에 대한 시정 및 이행에 대한 요청, 미이행시 법적조치에 대한 경고 등이 주가 될 것입니다. 당연히 어떤 내용이든 쓰면 되나 주장사항을 중언부언하거나 이미 확인된 사실관계를 장황하게 쓰는 것은 지면이 낭비됩니다. 그리고 사진이나 계약서 사본 등은 별첨으로 추가하면 내용증명이 완성됩니다.

♀ 통지의무의 이행

계약의 연장 통지, 자동갱신에 대한 거절 통지, 해제 또는 해지 통지, 의무위반의 시정(최고) 통지, 불가항력의 통지 등 상대방에 대한 통지가 계약으로 명시되어 있는 경우가 많습니다.

이러한 통지는 계약상 권리 행사의 조건 또는 방법이 되므로 계약에서 통지 그 자체를 의무로 규정하는 것입니다.

계약서상 중요 사항에 관하여 통지를 하도록 한 경우 그 발신과 수령 여부가 명확해야 하므로 통지의 방법과 요건 등에 관하여 계약서에서 미리 특정하여 두는 것이 좋은데, 대부분은 "서면" 또는 "전자문서(이메일)"를 규정하고 있습니다. 아래는 일반적으로 쓰이는 통지의무 조항입니다. 만약 일반적인 거래계약이 아닌 지분양수도계약이나 투자계약과 같은 각종 통지 사항이 빈번하게 발생하고 통지 사항이 큰 법률적 상태의 변경을 가져오는 경우에는 이러한 통지의무가 매우 중요한 조항이고, 그 사유는 더 구체적으로 규정됩니다.

제00조 (통지의무)

① 갑과 을은 다음 각호의 어느 하나에 해당하는 사유가 발생한 경우에는 지체 없이 증빙서류를 첨부하여 상대방에게 서면(전자거래기본법 제2조 제1호의 전자문서를 포함한다. 이하 이 조에서 같다)으로 통지하여야 한다.

1. 주소, 상호, 대표자 등 사업자등록증에 명시된 사항이 변경된 경우
2. 개인사업자가 법인으로 변경되거나 법인이 개인사업자로 변경된 경우
3. 그 밖에 영업 양도, 파산 등 갑과 을이 이 계약에 따른 각자의 의무를 이행함에 있어 중대한 변경을 초래할 수 있는 사유가 발생한 경우

② 이 계약과 관련한 모든 통지는 이 계약에 명시한 주소에 서면으로 하는 것을 원칙으로 하며, 통지가 상대방에게 도달하여야 그 효력이 있다.

문제는 상대방이 내용증명을 수령하지 않는 경우도 많아서 그럴 땐 야간 특별송달 등을 이용하게 됩니다. 송달을 안 받고 도망 다녀서 송달이 오히려 더 큰 쟁점이 되는 경우도 많습니다. 그렇다고 법원이 공시송달을 잘 인정해주는 것도 아니어서 애를 먹는 경우가 자주 발생하게 된다는 사실도 참고로 알고 계시면 좋겠습니다.

♀ 내용증명을 통한 사건의 해결

사실 내용증명은 본인이 본인의 명의로 직접 보내도 되나, 내용증명을 받아 본 상대방이 큰 충격과 공포에 떨게 하려면 법무법인의 표지가 붙어 있는 변호사의 내용증명을 받게 만드는 방법이 조금은 효과적이라고 봅니다. 법적 검토를 모두 거친 바를 전달한다는 것은 상대방에게 법적검토에 대한 신뢰를 주어 그만큼 화해나 협상의 가능성이 커진다고 할 수 있겠습니다. 그래서 변호사에게 있어 내용증명은 협상을 성사시키기 가장 좋은 방법의 하나인데, 채무변제를 요청하는 내용증명에서 사기죄 고소 등의 검토를 추가하여 겁을 주는 것, 본점이 가맹사업법을 위반한 정황을 가지고 가맹계약의 불공정성을 지적하는 것 등을 그 예로 들 수 있습니다. 다만 협박죄에 걸리지는 않을 정도로 해야겠지요.

제가 진행했던 사건 중에서는 저작권 위반에 따른 손해배상 및 형사고소와 관련한 내용증명이 특별히 상대방으로부터 즉시 배상받기에는 매우 유용했던 것 같습니다. 대부분이 소송이나 고소로 가지 않고 배상액 합의로 잘 마무리되었습니다.

기억에 남는 사건으로 저자가 사진작가를 대리하여 대한항공을 상대로 저작권침해에 따른 손해배상청구소송을 제기하였던 "솔섬"이라는 사진저작권 사건이 있었는데, 이 사건은 내용증명 없이 저자가 사진작가를 대리하여 곧바로 서울중앙지방법원에 손해배상청구소송 소장을 제출하면서 시작하였습니다. 그런데 유사 사건으로 하이닉스반도체에서 TV광고에 사용한 배병우 작가의 "소나무"사진 사건의 경우에는 소송 전에 내용증명을 통해 작가가 배상을 일정부분 받고 더 이상 소송으로 진행되지 않았다고 합니다. 그래서 지금에 와서 드는 생각이지만 솔섬 사진도 대한항공에 내용증명을 보내서 조금은 협상의 길을 모색했다면 좋지 않았을까 생각됩니다. 만약 그랬다면 대한민국 사진저작권의 리딩케이스 하나가 탄생할 일은 없었을 것입니다.

PART.

관할 특약의
중요성

♀ '분쟁의 해결'이라는 제목

계약서를 작성할 때 양 당사자 사이에 분쟁이 발생하면 어떤 기관을 통해서 이를 해결할 것인지를 정하는 것은 매우 중요합니다. 주로는 법원의 판결이나 대한상사중재원의 중재결정을 통하는 것이 일반적입니다. 하지만 당사자 중 일방에 유리한 방식이 반드시 존재할 것이기 때문에 심도 있는 검토가 필요합니다. 일반적인 분쟁의 해결 샘플 조항 몇 가지를 보여 드리자면 아래와 같습니다.

제OO조 (분쟁의 해결)
① 이 계약에서 발생하는 모든 분쟁은 갑과 을이 자율적으로 해결하도록 노력한다.
② 제1항에 따라 해결되지 않을 때에는 대한상사중재원 혹은 법원의 판결에 따라 해결한다.

이러한 표준조항은 보기에는 멀쩡해 보이지만 별로 추천해 드리고 싶지 않은 샘플입니다. 먼저 제1항의 경우에는 있으나 마나한 조항으로 무익적 조항입니다. 안 써도 되는 조항이라는 뜻입니다. 당연히 자율적으로 잘 해결해야지요. 그리고 제2항의 경우에도 중재면 중재, 소송이면 소송을 구분해야지 저렇게 선택의 여지를 두게 되면 중재신청을 먼저 제기하는 자 또는 소송을 먼저 제기하는 자가 분쟁의 해결 기관을 선택하게 된다는 문제점이 발생합니다.

"혹은"으로 되어 있으므로 제기하는 사람이 어떤 기관을 선택하든 분쟁해결 조항에 위반되지 않고, 상대방은 그러한 선택에 구속될 수밖에 없기 때문입니다.

아래에서 설명해 드리겠지만 상사중재와 법원재판은 그 성격이 완전히 달라 선택하기에 따라서는 유불리가 확실하게 드러납니다. 그러므로 제2항처럼 선점하는 방식으로 상대방이 먼저 분쟁해결 기관을 선점하게 되면 이후의 대처가 예상하기 어려운 경우가 발생할 수 있습니다.

> 제00조 (관할)
> 본 계약과 관련된 분쟁의 관할법원은 서울중앙지방법원으로 한다.

해당 샘플 조항은 상사중재가 아닌 법원판결로 분쟁을 해결한다는 전제가 이미 깔린 상태에서 관할 조항만 삽입한 경우입니다.

이하에서 설명해 드리는 바와 같이 저자의 경우에는 단순하면서도 관할까지 정하는 조항이 오히려 명확해 보입니다. 아니면 제1항으로 분쟁의 해결은 법원의 판결로 한다는 조항을 넣고, 제2항은 관할에 대하여 계약상의 합의로 서울중앙지방법원을 미리 전속관할로 명시해둔다면 고민할 거리가 특별히 없으리라 생각됩니다.

♀ 상사 중재의 특성

 몇 가지 표준계약서에서 "중재법에 따라 설치된 대한상사중재원의 중재"에 대하여 설명을 곁들이고 있습니다. "'중재'란 분쟁을 해당 분야 전문가들의 판정으로 해결하는 제도인데, 소송(3심제)과는 달리 단심으로 끝남(중재판정은 법원의 확정판결과 동일한 효력)" 정도의 설명이 추가된 것을 쉽게 발견할 수 있습니다.

> 제00조 (중재)
> 이 계약으로부터 발생되는 모든 분쟁은 대한상사중재원에서 중재 규칙에 따라 중재로 최종 해결한다.

 상사중재는 삼성동 무역센터의 아주 전망 좋은 거리에 있고, 한 번의 재판으로 결론이 나고 양 당사자 모두 이에 불복할 수가 없어 빠르게 재판이 끝납니다. 신청인이 중재신청서를 넣고 나면 중재원에서 중재인 리스트를 양 당사자에게 보내 중재인을 누구로 할지 의견을 청취합니다. 여기서도 청구금액에 따라 단독 또는 3명의 중재재판부로 그 구성이 달라집니다. 그리고 중재인이 결정되면 중재재판 날짜를 송달하여 양 당사자가 중재원으로 출석하는 절차를 거칩니다.

 팁을 드린다면 중재인의 경력을 잘 보시고 해당 사건에서 우리 쪽에 조금 더 유리한 관점을 가진 중재인이 어떤 중재인인지 잘 선택해야 합니다. 사실 지인이면 더 좋지만 중재인 선정은 당사자들이 1,2,3순위 정도로 정하여 중재원에 보내면 양 당사자의 의견합치가 되는 중재인으로 선정됩니다.

♡ 법원 소송과 상사 중재의 차이

하지만 저자는 상사 중재를 권하고 싶지 않습니다. 그 이유는 먼저 사람에 대한 리스크 때문입니다. 경력으로는 모두 훌륭하신 분들이지만 그래도 본업이 있고, 잠시 외출하여 하는 중재업무이므로 아무래도 판사보다는 집중력이 떨어집니다. 법원처럼 쟁점을 모두 검토하고 정치한 판결문을 쓰려고 하지 않습니다. 만약 선입견이 있는 중재인이 와서 결론을 내어 버린다면 억울하지 않겠습니까? 그렇다면 법원처럼 2심이나 3심을 통해 재검토를 받아 볼 기회가 필요한데 중재의 경우에는 완전히 차단되어 있습니다. 그리고 중재인의 경우에는 판사보다는 화해나 조정으로 진행하려는 경향이 좀 더 강한 면이 있습니다.

두 번째는 비용도 많이 듭니다. 중재인의 보수를 중재신청인이 직접 내야 하는 구조이므로 법원의 인지대, 송달료와는 차원이 다르게 비용이 높습니다. 사실 승소하면 중재비용이야 상대방이 내야하지만 그래도 여러분이 신청인이라고 가정하고 시작부터 비싼 비용을 내고 시작한다면 스트레스가 되지 않을 수 없을 것입니다.

그러므로 법원의 소송에 익숙한 저자로서는 1심 판사를 잘못 만나서 2심에서 결론을 뒤엎은 사건들을 다수 진행해본 경험이 있으므로 2심이 보장되지 않은 분쟁의 해결은 상당히 억울할 수 있다는 점을 알려 드리고자 합니다.

⊙ 법원 관할을 선점하라!

상사중재가 아닌 법원의 판결을 선택한 경우라면 어느 법원을 관할로 할 것인지를 정해야 합니다. 미리 정하면 합의관할(민사소송법 제29조)이 되는 것이고, 미리 정하지 아니하면 관할에 관한 민사소송법 규정들이 적용됩니다. 기본적으로 제2조부터 제40조까지 보통재판적, 특별재판적, 관할, 이송 등에 관한 규정들이 존재합니다. 민사소송법 규정들을 일일이 설명하는 것은 지면 낭비인 듯하고, 실무에서 주로 적용되는 관할을 몇 가지 설명해 드리도록 하겠습니다.

> 제00조 (분쟁의 해결)
> ① 갑과 을은 본 계약에 명시되지 아니한 사항 또는 계약의 해석에 다툼이 있는 경우에는 우선적으로 서면상의 자료에 따르며 자료가 없는 경우에는 상호협의하여 해결하고, 협의가 이루어지지 않을 때는 일반 상관례에 따른다.
> ② 제1항의 규정에도 불구하고 법률상 분쟁이 발생한 경우, 본 계약과 관련된 소송은 갑의 주된 사무소 소재지가 있는 관할 법원을 제1심 법원으로 한다.

위 샘플조항은 계약 체결에서 쉽게 볼 수 있는 회사 간 계약서의 분쟁해결 조항입니다. 상관례라는 조항이 자주 나오는데, 이 또한 그렇게 법률적 효력이 있는 조항은 아닙니다. 당연히 재판으로 가면 상관례도 재판의 기준으로 작용할 것이기 때문입니다. 그렇다면 "갑의 주된 사무소 소재지가 있는 관할 법원"이라는 표현이 중요합니다. 홈경기를 원하는 갑의 의도라고 보아야 합니다.

사실 갑의 주된 사무소 소재지가 자주 옮겨 다닐 일은 없으므로 서울중앙지방법원 등으로 특정한 법원을 적시하는 것도 좋은 방법이 될 것입니다.

　채권추심을 한다거나 손해배상청구소송을 하는 경우는, 소송을 제기하는 사람이 돈을 받아야 하는 소송이 될 것입니다. 이러한 경우에는 지참채무(채무자가 돈을 들고 와서 줘야 한다는 뜻)의 원칙상 소송을 제기하는 사람이나 법인의 주소지를 관할하는 법원에 특별재판적(민사소송법 제8조)이 있게 됩니다. 그리고 부동산 관련 소송을 하면 그 부동산이 있는 곳을 관할하는 법원에 특별재판적(민사소송법 제20조)이 있고, 불법행위에 대한 소송을 제기할 때는 그 불법행위가 벌어진 곳의 법원(민사소송법 제18조)에 소송을 제기할 수 있습니다.

　변호사들은 의뢰인의 주소지보다는 자신의 사무소와 관련된 법원에서 재판하는 것을 선호합니다. 특히 서울을 벗어나야 하는 경우라면 더더욱 그렇습니다. 그럴 때 양 당사자의 주소와는 전혀 상관없는 서울중앙지방법원에 소장을 넣어버리기도 합니다. 왜냐하면 민사소송법 제30조에서 "피고가 제1심 법원에서 관할위반이라고 항변(抗辯)하지 아니하고 본안(本案)에 대하여 변론(辯論)하거나 변론준비기일(辯論準備期日)에서 진술하면 그 법원은 관할권을 가진다."라고 변론관할을 규정하고 있어 상대방 변호사도 서울에 있다면 양변호사의 편의상 소송은 서울중앙지방법원에서 진행이 가능하기 때문입니다. 하지만 굳이 상대방이 관할위반을 문제 삼아 법에서 정한 관할로 재판을 진행하고자 한다면 관할위반의 항변을 할 것이고, 해당 법원의 판사는 일감을 줄이기 위해서 그 항변을 즉시로 받아들일 것입니다.

제가 진행했던 사건은 제주도에서 진행하는 사건이었는데 계약서에 관할합의는 서울중앙지방법원이었으나, 상대방이 소송을 제주지방법원에 제기한 사건이었습니다. 당연히 저로서는 제주도 출장을 가서 여행 겸 업무를 하는 것도 나쁘지는 않았으나, 경비와 시간을 고려하여 관할위반의 항변을 하였고, 상당 기간 당사자 사이에 합의가 이루어지지 않자, 재판은 서울중앙지방법원으로 이송되었습니다. 결국 제주도에 사무실이 있는 상대방 변호사는 재판을 더 이상 끌지 않고 한 번의 변론으로 백기 투항하였는데, 어웨이 경기는 확실히 전투력 낭비가 있다는 점을 고려하여 관할도 심도 있는 검토를 해야 합니다.

일반적으로는 피고의 주소지에 소송을 제기하는 것이 보통재판적(민사소송법 제2조)의 기본이 되나, 소송을 제기하는 사람은 어웨이 경기보다는 홈경기를 선호하기 때문에 그런 경우는 잘 없고, 형사고소를 제기할 때 피고소인의 주소지를 관할하는 경찰서가 수사를 담당하기 때문에 오히려 형사고소의 경우에는 고소당하는 상대방의 주소지를 관할하는 경찰서가 관할이 된다는 점을 참고로 알고 계시면 좋겠습니다.

계약서 제대로 알고 써라

PART.

09

계약의
목적과 정의

◎ 전문과 목적 조항

📌 ○○○프로모션 계약서

○○○ Korea Inc(이하 '갑'이라 함)와 ○○○(이하 '을'이라 함)은 '갑'이 요청하는 용역 수행을 위하여 2022년 4월 28일 다음과 같이 계약을 체결한다.

제1조 (목적)
본 계약의 목적은 '을'은 '갑'이 요청하는 용역을 수행하고, '갑'은 '을'에게 그에 대한 대가를 지급하는데 있어서 필요한 각각의 권리, 의무 등에 관한 제반 사항을 정함에 있다.

위 전문과 목적 조항은 실제 사례이며 일반적으로 통용되는 간단한 계약서 샘플인데, 전문에서는 갑과 을을 특정하고 용역수행에 관한 계약이라는 사실과 계약 날짜가 명시되어 있습니다. 그리고 목적 조항에서는 용역제공과 대가지급이라는 각자의 의무사항 및 권리·의무 규정이 존재한다는 정도로 쓰여 있습니다.

사실 이 정도의 전문과 목적 조항은 너무나 간략하고 추상적이어서 특별한 역할을 하지 못합니다. 여러분들이 접하는 대부분의 계약서가 이러할 것이며, 정형적으로 수행되는 계약의 경우에는 더더욱 그러할 것입니다. 전문이 위력을 발휘하려면 당시 어떤 경위에서 계약을 체결하게 되었고 각

당사자는 어떤 점을 목표로 하여 어떤 부분에 집중하여 논의하였다는 등의 히스토리가 나와 주어야 합니다. 특히 계약 내용이 복잡하고 비전형적인 경우에는 계약서의 제목만으로는 내용을 상세히 검토하기 전에 그와 같은 내막을 쉽게 알 수 없으므로, 계약체결의 경위와 목적을 전문에 간단히 기재해 두는 것이 좋습니다.

그리고 목적 조항도 조금은 그 용역의 형태가 구체화되어야 합니다. 전문과 목적조항을 통합하여 써도 전혀 문제될 것은 없습니다. 어떻게 보면 당사자를 약칭하는 표현이 포함되어 있고, 용역이나 목적물이 특정되는 역할은 비슷해 보이나 전문은 조금은 더 구구절절 쓸 수 있다는 장점이 있습니다.

계약과 관련한 분쟁이 발생하여 소송 등의 절차가 시작될 경우 법관이나 중재인이 계약을 체결한 경위와 목적을 대충이나마 알고 보면 계약의 내용을 보다 쉽고 명확하게 이해할 수 있습니다. 또한 문제가 되는 조항을 해석함에서도 목적 조항에 근거하여 더욱 정확한 판단을 할 수 있습니다. 하지만 앞선 예시와 함께 실제로 통용되는 아래의 예시에서도 목적 조항 자체에서 뭔가 특별함을 발견하기는 어려운 것이 실상입니다.

제1조 (목적)
본 계약은 '갑'과 '을' 간의 대리점 계약에 관한 제반 사항을 규정하고 이를 상호 간에 성실하게 준수하여 공동의 번영과 발전에 이바지함을 목적으로 한다.

그래서 처음부터 목적 조항에서 본문에 나옴 직한 주요 항목을 밝혀 버리는 방식도 존재합니다. 즉 전속계약에 있어서 목적조항에 "갑이 독점적으로 권한을 행사하고, 을의 활동과 관련하여 갑의 사전승인 없이 을 스스로 또는 제3자를 통해 출연 교섭을 하거나 연예활동을 할 수 없다."라는 전속의 의미를 처음부터 밝혀버리는 방법도 좋은 방법입니다. 왜냐하면 전속계약에서 기획사에 제일 중요한 것은 '전속'이며, 이러한 전적으로 구속되는 전속의 개념이 계약의 목적에서부터 명확하게 나와야 향후 전속권 침해의 범위와 대응을 해석하면서 불변의 기준점이 될 수 있기 때문입니다.

◉ 목적 조항의 구체화

제1조 (계약의 목적)
본 계약은 "공연"의 영상저작물의 제작과 관련하여 '○○'와 '발레단'의 의무와 권리관계를 명확히 하는 것을 목적으로 한다.

일반적이고 추상적인 목적 조항을 어떻게 하면 조금 더 구체적으로 다듬을 수 있을까요? 누가, 왜, 언제, 무엇을 위해서, 어떤 내용을 목적으로 하는지 명확한 기재가 있어야 합니다. 예를 들어 단순히 "영상저작물의 제작과 관련하여"라고만 기재했을 때는 어떤 목적으로 어떤 저작물을 이용하여 어떤 저작물을 만들어내는지에 대한 불명확성이 남아 있으므로 "기존 누구의 연극저작물을 대상으로 어떤 사업의 일환으로 어떤 영상저작물을 제작하는"과 같이 좀 더 구체적으로 기재해야 합니다. 수정해보면 아래와 같습니다.

> 본 계약은 "공연"을 이용한 'OO'의 공연 영상화 사업 'OOO on Screen'
> 을 위한 영상저작물의 제작과 관련하여 'OO'와 '발레단'의 의무와 권리관
> 계를 명확히 하는 것을 목적으로 한다.

그리고 "공연"이라는 단어에 큰따옴표를 붙였는데, 계약서에서 이러한
방식을 쓰는 것은 "공연"이라는 단어가 어떠한 날짜에 이루어지는 어떤 내
용의 공연이라고 특정이 되고 그러한 공연을 칭하는 단어로 쓰이기 때문입
니다. 그렇다면 "공연"을 설명하는 특정은 어디에 써야 하는지 문제 될 수
있는데 전문에서 갑과 을을 특정하고 목적물을 특정하는 방식을 통해서 써
도 되고 제2조 정의 조항에서 "공연"이란 무엇을 말한다는 정도의 항목으
로 써도 됩니다.

> 제1조 (계약의 목적)
> 본 계약은 '을'이 '갑'에게 디지털 콘텐츠를 제공하고, '갑'은 그 대가로서 정
> 보제공료를 '을'에게 제공함에 있어 당사자 간 권리·의무 사항과 관련 업
> 무 및 절차를 규정하고 이를 준수하도록 함으로써 상호 간의 이익을 증진
> 하는 데 있다.

위 샘플에서는 "을이 갑의 온라인 서비스 사업을 위하여"를 추가하는 것
이 좋을 듯합니다. 목적 조항을 너무 추상적으로 쓰다 보면 오히려 혼란스
러운 부분이 발생합니다. 계약의 목적을 좀 더 구체적이고 편한 말로 바꾸
어도 됩니다. "을이 메타버스 공간과 캐릭터 1종을 만들어 주고 갑은 이를
이용하여 온라인 서비스 사업을 하는 대가로 계약대금을 지급하는 계약이
다."라고 쓰는 것이 좋겠습니다. 그래야 향후 갑이 서비스를 이용고객들에
게 을로부터 납품받은 콘텐츠를 제공하는 사업을 할 예정이고 이를 을도

인지하고 해당 콘텐츠를 납품한다는 사실을 명확히 함으로써 향후 갑에게 발생할 손해에 대해 을의 인지 정도(알았거나 알 수 있었다는 점, 소위 '특별손해'의 기준이 되는 점)를 가늠할 수 있습니다.

참고로 아래에서 "정의 조항"을 설명해 드리겠지만 정의 조항에서 나온 단어인 "정보제공료"는 정의 조항으로 특정되었기 때문에 목적 조항에서도 큰따옴표를 통해 구분하는 것이 좋습니다.

⊙ 목적 조항의 검토

제1조 (목적)
본 계약은 '갑'의 신규 의류 브랜드의 경영관리, 영업 마케팅 등에 대한 업무를 '을'에게 일임, 총괄 수행하기로 함에 있어 상호 간의 권리와 의무를 규정함을 그 목적으로 한다.

위 샘플에서 살펴보면 "일임, 총괄"이라는 단어가 매우 일방적이라는 느낌이 드실 겁니다. 만약 목적 조항에서부터 "일임, 총괄"이라는 단어를 부여하게 되면 "을"이라는 사람에게 너무나 많은 재량과 권한을 부여하게 되어 향후에 책임 소재를 판단할 때 을에게 물을 수 있는 책임이 형사책임 정도가 아니라면 어떤 책임도 물을 수 없는 상황이 벌어질 것입니다. 너무나 많은 재량을 인정하는 저런 표현을 목적조항에서부터 써 버리게 되면 나머지 계약서의 모든 조항도 목적조항을 기준으로 해석하게 되므로 "갑"의 입장에서는 완전히 불리한 사건이 발생할 수도 있습니다. 만약 갑이 그걸 고려하고서도 정책적으로 판단했다면 모를까 검토 실수라면 추후에 큰 화근이 될 수도 있는 표현입니다.

제1조 (목적)

본 계약은 '갑'이 사업적 권리를 확보한 캐릭터 ○○○을 활용한 사업을 수행할 수 있는 권리를 '을'에게 부여하는 것과 관련하여 '갑'과 '을'의 권리·의무관계를 명확히 하는 것을 목적으로 한다.

이 샘플의 경우에는 갑이 저작권을 가지고 있고 을이 사업을 하여 을이 이에 대한 수익을 창출하여 수익을 나누는 방식이거나 아니면 을이 로열티를 제공하는 방식이 될 것인데, 해당 목적 조항에서는 갑에게 제일 중요한 대가지급의 방식이 명시되어 있지 아니합니다. 즉 계약서의 본문 내용을 살펴보면 로열티를 지급하는 방식인지 수익을 배분하는 방식인지 여부가 나와 있겠지만 단순히 로열티만을 받는 방식인지 협업하여 매출을 올리고 이러한 전제 하에서 이익을 분배하는 방식인지를 구분하여 양 당사자의 지향점이 어떤 방향이라는 것을 명확하게 써 주는 것이 좋습니다. 특히 동업계약에서는 더욱 그렇습니다.

◎ 정의 조항의 역할

제2조 (용어의 정의)

본 계약서에서 사용되는 용어의 정의는 다음과 같고, 정의되지 않은 용어는 관련법령 및 상관례에 따라 해석한다.

1. '○○○콘텐츠'(이하 '콘텐츠'라 한다)라 함은 부호·문자·음성·음향·이미지 또는 ○○○플랫폼 내 3D공간, 3D캐릭터 등으로 표현된 자료 또는 정보로서 그 보존 및 이용에 있어서 효용을 높일 수 있도록 전자적 형태로 제작 또는 처리된 것을 말한다.

2. '서비스'라 함은 갑이 온라인상 접속할 수 있는 단말기를 통하여 이용자에게 콘텐츠를 제공하는 행위를 말한다.
3. '시스템'이라 함은 서비스를 위하여 갑 또는 을에 의해 개발·구축되어 운영하는 것을 말한다.
4. '정보제공료'라 함은 을이 갑에게 콘텐츠를 제공함으로써 취득하는 대가를 말하며, '정보이용료'라 함은 이용자가 콘텐츠를 이용한 대가로서, 갑에게 납부해야 하는 요금을 말한다.
5. '이용자'라 함은 서비스에 가입한 회원 또는 서비스에 가입하지 아니하고 콘텐츠를 이용하는 자를 말한다.
6. '매출액'이라 함은 갑이 이용자에게 청구한 정보이용료 등 을이 제공한 콘텐츠로 인해 발생한 수입의 합계를 말한다.

위 샘플은 요즘 가장 핫한 아이템인 "메타버스"공간을 제작하는 용역 계약서로서 4차 산업이 어려운 내용으로 구성되는 만큼 정의 조항이 필요한 계약서입니다.

정의 조항에서 제일 중요한 한 가지를 말씀드리자면 용어가 한 가지의 의미로 특정이 되어야 한다는 점입니다. 다중적 의미가 남아 있거나 다른 유사 단어와 혼동되지 않도록 특정되어야 하고, 해당 계약서에서 그러한 의미가 확정되어 동일하게 쓰여 질 수 있도록 작은따옴표 내지는 큰따옴표를 통해 해당 단어를 사용하여야 합니다.

위 샘플에서 제4항 "정보제공료"라는 개념이 계약대금을 이야기하는 것인지 불명확합니다. 이용자가 갑에게 납부하는 요금이 "정보이용료"이므로 혼동의 가능성이 있습니다. 메타버스공간을 을이 제작하여 제공하며 이에 대한 대가로 갑이 용역대금을 주는 것인데, 이를 "정보제공료"라고 표시한다면 용역대금과 어떻게 다른 것인지 명확하게 정의 내려야합니다.

을이 용역제공에 대한 대가로 받게 되는 용역대금은 정보이용료와 연동되는 부분이 전혀 없다는 것을 명확히 하여야 하고 을은 일시금으로 위 계약대금을 받는 이외에는 어떠한 금원도 청구할 수 없다는 점을 명확히 하여야 합니다. 다만 본 계약의 범위를 넘어서는 추가적인 갑의 콘텐츠 제작 이용을 요구하는 경우에만 추가대금을 상호협의 한다고 규정할 수 있습니다.

제6항 '매출액'이라 함은 갑이 이용자에게 청구한 정보이용료 등 을이 제공한 콘텐츠로 인해 발생한 수입의 합계를 말하는데, 단순히 을이 콘텐츠를 제작해서 납품하는 계약인데 왜 갑의 매출과 이용자까지 그 개념으로 포함되어야 하는지 알 수가 없습니다. 혼란을 일으키는 조항은 삭제하여야 합니다. 그리고 계약서를 좀 더 단순화할 필요가 있습니다. 계약대금이 커버하는 용역의 범위만 구체적으로 적어두는 것이 혼란을 방지할 수 있는 방법입니다.

⊙ 말미 문언

본 계약을 증명하기 위하여 계약 당사자가 이의 없음을 확인하고 각각 서명 또는 날인한다. 2022년 00월 00일

말미 문언은 특별히 기재하지 않더라도 계약서의 효력에는 영향이 없습니다. 다만 위의 샘플과 같이 쌍방이 계약 내용을 확인했다는 사실과 이에 대하여 이의가 없다는 사실을 선언적으로 기재할 수 있습니다. 그리고 서명 또는 날인이라고 되어 있으나 가급적 서명과 함께 날인도 하고 계약서 2부를 간인(계약서 2부를 놓고 같이 날인하고 계약서의 페이지마다 날인하는 것을 말합니다.)까지 같이 하는 것이 정확합니다. 그리고 날인은 증명이 가능한 인감 도장으로 하고 양 당사자의 인감증명서를 첨부하면 스탠다드한 계약서가 마무리됩니다.

> 위 계약을 증명하기 위하여 본 계약서를 2통 작성하여 서명 또는 날인하여 공증받은 후 당사자가 각각 1통씩 보관한다.

말미 문언과 관련하여 추가로 설명해 드리자면 위와 같이 쌍방이 계약서를 2부 만들었다는 사실, 그리고 서명 날인하여 (간인까지 하는 경우가 많습니다.) 1부씩 계약서를 보관한다는 사실을 통해 계약서의 위조와 변조를 방지하고자 하는 선언적 내용도 포함합니다. 위의 샘플은 특별하게 "공증받은"을 조건으로 하고 있어 계약서 작성 후에 공증사무소를 가게 될 것이나 다양한 형태의 권리·의무가 기재되어 있는 계약서를 공증사무소에 가지고 가서 할 수 있는 것은 공증이 아니라 '인증'입니다. '인증'이란 두 당사자가 누구인지 확인하고 두 당사자가 직접 작성하여 서명 날인한 계약서가 맞다는 인증을 해주는 작업인데, 사실 위조의 항변이 존재할 가능성이 크지 않은 이상 특별히 인증까지 할 이유는 없습니다.

계약서 제대로 알고 써라

계약의 기간

◎ 묵시적 갱신 조항

계약에서 빠질 수 없는 키워드가 있다면 그것은 "기간"조항일 것입니다. 실무에서 많은 상담을 받지만 묵시적 갱신 조항을 깜빡하고 체크하지 못해 낭패를 보거나 계약기간이 남았는데 계약을 종료하고 싶은 사건이 많습니다.

제4조 (계약기간)

이 계약의 계약기간은 2022년 5월 9일부터 2023년 5월 8일까지로 하되, 당사자 일방이 상대방에 대하여 계약의 만료를 원할 경우 만료 전 30일 이내에 서면으로 계약내용의 변경을 요구하여야 하고 그렇지 아니하는 한 자동적으로 1년씩 갱신된다. 다만 계약기간만료에도 불구하고 계속하여 수행을 요하는 사건이 있는 경우에는 그 사건에 한하여 사건 종료 시까지 연장유지 할 수 있으며, 그에 대한 보수는 제3조를 적용한다.

저자가 사용하는 법률자문계약서의 기간조항입니다. 해당 계약의 계약기간은 1년입니다. 하지만 특별한 반대의사가 없으면 계약 만료일에 동일한 조건의 계약이 자동으로 체결되는 묵시적 갱신조항이 존재합니다. 만약 상대방이 계약의 만료를 원하지 않는다면 2023년 4월 7일까지 저자에게 자문계약의 종료를 원한다는 내용을 담은 내용증명을 송달하여야 합니다. 의사표시의 효력발생은 민법상 도달주의가 원칙이므로 발송이 아니라 도달이 4월 7일까지로 이루어져야 합니다. 그 시한을 놓치면 계약은 어쩔 수 없이 1년을 더 진행해야 합니다.

앞서 설명해 드린 바와 같이 계약의 구속력으로 인하여 계약에서 탈출하려면 무효, 취소 등 온갖 방법을 다 찾아야 하는데, 상대방이 순순히 동의해주지 않는 이상 계약을 일방적으로 파기한 것에 대한 손해를 배상해야하는 문제도 발생합니다. 그러므로 구글 달력에 2023년 4월 초로 계약의 갱신여부를 기입하여 두고 확인하는 작업을 게을리해서는 안 될 것입니다. 당연히 저자야 자비로우므로 의뢰인의 모든 요구를 다 들어주고 특별히 배상요구도 하지 않으나 다른 변호사사무실은 이야기가 다를 수 있으니 주의하셔야 합니다.

♀ 계약 기간의 협상

> 제2조 (임대차 기간)
> 임대차계약기간은 2014년 11월 1일부터 2021년 10월 31일까지 120(팔십사)개월로 한다.

실제 사례인데, 만약 여러분들이 명동의 건물주와 임대차 계약을 체결한다면 1년 단위로 계약을 체결하겠습니까? 아니면 7년 장기로 계약을 체결하겠습니까? 단 계약 당시는 상가임대차보호법상 상가임대차가 최장 5년 인정되던 시점이었고 명동은 장사가 잘되는 곳이었습니다. 그리고 해당 건물은 임대차보호법의 대상이 될 수 없는 월 2천만 원이 넘는 고액의 임대차계약이었으며, 임대인은 7년 장기에 임차료를 할인해주는 조건을 제시하였습니다.

저의 분석은 이렇습니다. 임대인은 향후 명동의 상권 전망이 좋지 못하다는 예측을 한 것이고 이러한 예측에 따라 7년 장기 임차인을 확보할 수 있는 조건을 제시한 것이라고 봅니다. 만약 상권 전망이 좋으리라고 예측하였다면 임대인은 그것도 명동의 건물주는 절대로 장기에 할인된 임대차계약을 제시할 리가 없습니다. 만약 상권이 임대인의 예측과 달리 좋아진다면 임대인으로서는 더 좋은 조건의 임차인을 들일 수 없고, 그러한 할인된 가격의 임차료를 7년을 유지해야 하는 불이익이 존재합니다. 반대로 이러한 계약을 받아들인 임차인으로서는 향후 명동의 상권이 좋을 것이라는 쪽에 배팅을 한 것으로 보입니다. 만약 명동의 상권이 좋지 못하다고 예측했다면 어떻게든 빨리 빠져나갈 수 있는 엑시트를 마련해 놓았어야 했는데, 임차인은 전혀 그렇게 하지 않았기 때문입니다.

하지만 역시 승자는 명동의 건물주였습니다. 명동의 상권은 망했고, 손님도 없는 상황에서 월 임차료가 허망하게 나가야 되는 상황이었습니다. 임차인은 제일 먼저 임대인에게 부탁해서 임대차 종료를 하고자 할 것입니다. 하지만 명동의 건물주는 절대로 허락하지 않습니다. 다음 임차인을 구할 방법이 없기 때문입니다. 아니면 매우 낮은 월세로 임차인을 들여야 하므로 임대인에게는 절대적으로 손해입니다. 결국 본서에서 처음 배운 것처럼 임차인은 계약의 구속력에서 탈출할 방법을 모색하여야 합니다. 아래는 실제로 이루어진 저자의 검토이니 참고하시기 바랍니다.

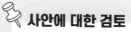 **사안에 대한 검토**

가. 월차임이나 보증금감액청구

월차임이나 보증금감액청구에 있어서 법원은 "전세보증금 증감청구권의 인정은 이미 성립된 계약의 구속력에서 벗어나 그 내용을 바꾸는 결과를 가져오는 것인데다가, 보충적인 법리인 사정변경의 원칙, 공평의 원칙이나 신의칙에 터 잡은 것인 만큼 엄격한 요건 아래에서만 인정될 수 있으므로, 기본적으로 사정변경의 원칙요건인 ①계약 당시 그 기초가 되었던 사정이 현저히 변경되었을 것, ②그 사정변경을 당사자들이 예견하지 않았고 예견할 수 없었을 것, ③그 사정변경이 당사자들에게 책임 없는 사유로 발생하였을 것, ④애초의 계약 내용에 당사자를 구속시키는 것이 신의칙상 현저히 부당할 것 등의 요건이 충족된 경우로서, 전세보증금 시세의 증감 정도가 상당한 수준(일반적인 예로서, 애초 약정금액의 20% 이상 증감하는 경우를 상정할 수 있음)에 달하고, 나머지 전세기간이 적어도 6개월 이상은 되어야 전세보증금의 증감청구권을 받아들일 정당성과 필요성이 인정될 수 있고, 증감의 정도도 시세의 등락을 그대로 반영할 것이 아니라 그 밖에 당사자들의 특수성, 계약의 법적 안정성 등의 요소를 고려하여 적절히 조정되어야 한다."는 입장을 취하고 있습니다.

84개월로 계약되었고, 현재 16개월 정도 기간이 남아 있다는 점, 당사자들이 예상할 수 없었던 중국 사드사태 및 코로나19사태로 인하여 명동 상권이 현저히 몰락한 점, 그럼에도 불구하고 임대인은 월세를 3.5%씩 인상하고 있다는 점 등을 주장하여 상가임대차보호법의 해당 사안은 아니지만 상가임대차보호법이 인정하는 최대 5%인하를 주장해 볼 수 있을 것으로 판단됩니다. 기존 SARS로 인한 임대계약 분쟁에 대해 법원이 일부 사건은 인정하고 일부사건은 그 청구를 기각했으므로 최종적인 임대료 감면여부는 구체적인 상황에 따라 종합적인 판단이 필요합니다.

또한 제소전화해가 되어 있다고 하더라도 사정변경에 의한 차임감액청구에 해당하므로 소송을 진행할 수 있을 것으로 판단됩니다. 일반 민법이 적용되는 사안으로서 제652조(강행규정), 제627조, 제628조, 제631조, 제635조, 제638조, 제640조, 제641조, 제643조 또는 제647조의 규정에 위반하는 약정으로 임차인이나 전차인에게 불리한 것은 그 효력이 없다고 명시하고 있으므로 당사자 간의 약정이 있다고 하더라도 628조 차임증감청구권은 강행규정으로 보호가 됩니다.

나. 사정변경에 의한 계약해지

제일 좋은 방법은 계약을 해지하는 것인데, 상가임대차보호법이 적용되는 사안이 아니고 일반 민법이 적용되는 사안이며, 강행규정 이외에는 당사자의 약정에 따르게 되어 있습니다. 다만 신의칙상 사정변경에 의한 계약해지를 주장해 볼 수 있습니다.

대법원은 원칙적으로 계약 성립의 기초가 된 사정이 현저히 변경되고 당사자가 계약의 성립 당시 이를 예견할 수 없었으며, 그로 인하여 계약을 그대로 유지하는 것이 당사자의 이해에 중대한 불균형을 초래하거나 계약을 체결한 목적을 달성할 수 없는 경우에는 사정변경을 이유로 계약을 해지할 수 있다고 보고 있습니다(대법원 2013. 9. 26. 선고 2012다13637 판결). 다만 '여기에서 말하는 사정이란 당사자들에게 계약 성립의 기초가 된 사정을 가리키고, 당사자들이 계약의 기초로 삼지 않은 사정이나 어느 일방 당사자가 변경에 따른 불이익이나 위험을 떠안기로 한 사정은 포함되지 않는다. 경제상황 등의 변동으로 당사자에게 손해가 생기더라도 합리적인 사람의 입장에서 사정변경을 예견할 수 있었다면 사정변경을 이유로 계약을 해제할 수 없다. 특히 계속적 계약에서는 계약 체결 시와 이행 시 사이에 간극이 크기 때문에 당사자들이 예상할 수 없었던 사정변경이 발생할 가능성이 크지만, 이 경우에도 위 계약을 해지하려면 경제적 상황의 변화로 당사자에게 불이익이 발생했다는 것만으로는 부족하고 위에서 본 요건을 충족해야 한다.'라고 보고 있습니다(대법원 2017. 6. 8. 선고 2016다249557 판결).

앞서 검토하였던 84개월로 계약되었고, 현재 16개월 정도 기간이 남아 있다는 점, 당사자들이 예상할 수 없었던 중국 사드사태 및 코로나19사태로 인하여 명동 상권이 현저히 몰락한 점 등을 주장해 볼 수 있을 것입니다. 다만 사정변경만으로 임대차 계약 자체의 해지를 주장하는 것은 어려움이 있을 수 있습니다.

◉ 비밀유지 의무의 기간

제5조 (비밀누설의 금지)
을은 본 계약에 따른 영업비밀 및 체형교정 관련 기술을 지정된 업무에 사용하거나 OO의원의 사전 서면동의가 있는 경우를 제외하고는 어떠한 방법으로도 제3자에게 공개하거나 누설하여서는 아니 된다.

모든 계약이 기간에 관한 규정이 필요한 것은 아니고, 당사자의 의무이행이 계속적이거나 반복적으로 이행되어야 할 경우 기재합니다. 그리고 특정한 기일에 반드시 의무의 이행이 이루어져야 하는 정기행위에도 날짜의 특정은 매우 중요합니다. 예를 들어 결혼식 웨딩드레스 제공하는 경우를 들 수 있습니다.

위 샘플 계약 조항은 다이어트에 특화된 기술을 가지고 있는 병원을 운영하는 원장이 부원장을 고용하고 싶은데 계약 만료 후 영업비밀에 해당하는 기술이 유출될까 걱정이 돼서 만든 계약서 조항입니다. 다만 비밀누설을 금지하는 것은 좋은데 기간 제한이 없습니다. 그렇다면 영구 기간을 설정한 것인데, 계약 기간을 영구적으로 정하는 것은 그것이 특별히 의무이행자에게도 이익이 된다는 등의 사정이 없는 이상 반사회질서의 법률행위(민법 제103조)로서 무효로 될 가능성이 큽니다. 즉 부원장은 계약의 구속력으로부터 탈출할 수 있는 가능성이 매우 크다는 의미입니다.

⊘ 비밀준수서약 및 경업금지약정의 기간

회사를 퇴사하는 경우 업계의 관행상 많은 분이 회사의 비밀을 준수하고 경쟁업체에 몇 년간 입사하지 않겠다는 경업금지약정을 체결합니다. 이러한 경업금지약정이 유효하기 위해서 법원은 ①회사의 정보(고객정보)가 영업비밀 등 보호가치 있는 이익이어야 하고, ②대상조치(보상조치)가 존재해야 하며, ③지역적 범위와 대상 직종을 한정해야 한다는 조건을 제시하고 있습니다. 이러한 조건이 만족되면 퇴직 경위(강등 이후 퇴직)퇴직 근로자의 경력, 담당 업무와 직책, 직업 선택의 자유와 생계 활동의 제한 정도 등 모든 사정을 종합하여, 해당 사안의 경업금지약정 몇 년이 민법 제103조에 위반되는지 아닌지를 판단합니다.

대부분 직원들을 보호하는 방향으로 법원의 판결이 많이 이루어지는데, 이례적으로 직원이 패소한 사례도 존재합니다. 국내 굴지의 핸드폰 제조 대기업에서 수석연구원으로 재직한 직원이 중국 경쟁업체로 이직한 것에 대해 대기업이 직원을 상대로 전직금지가처분을 신청한 사안이었습니다.

사실 영업비밀보호서약서에서 전직 및 경쟁 금지를 1년으로 짧은 기간을 한정하고 있었던 점, 한국 대기업이 직원을 상대로 소송을 진행했으나 직원이 중국에 가 있으니 국내에서 진행되는 사건이 계속 지연되어 1년이 거의 다 지나 3주 정도 남은 상태에서 법원의 판결이 이루어져 직원이 받게 되는 피해가 거의 없다는 점, 한국과 중국의 기술경쟁이라는 예민한 사안에 대해 국내 법원이 판결을 한 점, 수석연구원이라는 고위직에 있었다는 점 등이 반영되어 전직금지가처분이 인용된 사례도 있었습니다.

"결혼정보업체의 특성상 고객 정보 관리 등은 보호할 가치가 있는 회사의 이익이고, B는 이 회사에 근무하며 고객정보에 접근할 수 있는 업무를 담당했으며, 퇴사 후 곧바로 경쟁회사에 들어간 사정 등을 종합하여 볼 때, 퇴사자가 회사 기밀을 많이 알고 있고 그 기밀이 회사 영업상 보호가치가 높아 경업금지조치가 불가피하다면 퇴사 후 3년간 같은 업종에 취업하지 않겠다는 경업금지 약정은 유효하다."(서울중앙지방법원 2015. 10. 21. 선고 2014나63529 판결)라는 취지의 판결에서는 결혼정보회사가 커플매니저의 고객명단에 전적으로 의지하여 운영되는 점이 참작되어 3년의 장기임에도 불구하고 경업금지약정을 유효로 판단한 바도 있습니다.

PART.

11

위약금과
손해배상액의 예정

♀ 손해배상 관련 조항의 개념

계약서 검토에 있어 손해배상 관련 조항은 주인공이라고 해도 과언이 아닙니다. 사실 소송으로 진행하게 되는 계약서 분쟁에 있어 손해배상조항은 반드시 반영되는 조항이므로 사전에 꼼꼼히 검토하여 불이익한 상황이 벌어지지 않게 준비하는 것이 매우 중요합니다. 손해배상 관련 규정을 볼 때는 위약금, 위약벌, 손해배상, 손해배상의 예정, 계약금, 해약금 등 다양한 용어가 나오는데 이러한 용어의 개념부터 먼저 이해하는 것이 중요합니다.

먼저 '위약금'과 '손해배상액의 예정'은 계약위반자가 상대방에게 벌칙이나 손해배상으로 지급할 금액 또는 그 산정방식을 계약서에 미리 합의하여 정해둔 것을 말합니다. 위약금의 약정은 손해배상액의 예정으로 추정됩니다(민법 제398조 제4항). 위약금 약정을 '손해배상액의 예정'으로 보는 경우 법원은 이를 직권으로 감액할 수 있습니다(민법 제398조 제2항).

'위약금'은 당사자 일방이 약정을 위반한 것에 대하여 상대방에게 부담하는 벌칙으로 약정위반으로 인하여 상대방이 손해를 얼마나 입었는지와 무관하게 위반하였다는 사실 자체만으로 바로 지급할 책임을 부담하게 됩니다.

'손해배상의 예정'은 발생한 손해가 얼마가 될지 산정하기 어려운 경우 계약서에서 미리 어떤 손해가 발생하면 얼마를 지급하기로 배상액을 약정해두는 것을 말하며, 손해배상의 예정은 위약금과는 달리 구체적인 배상액수를 확정할 수 없더라도 손해 자체는 반드시 있어야 합니다.

'위약벌'은 채무자가 계약을 이행하지 아니할 때 채권자가 손해배상과 별도로 청구할 수 있도록 정한 징벌로서 몰수하기로 한 위약금입니다. 채권자는 위약벌로서 위약금을 몰취함과 동시에 추가로 채무불이행에 의한 손해배상을 청구할 수 있습니다. 대법원은, 위약벌의 약정은 채무의 이행을 확보하기 위하여 정하는 것으로서 손해배상액의 예정과 그 내용이 다르므로 손해배상액의 예정에 관한 민법 제398조 제2항을 유추적용하여 그 액을 감액할 수 없다고 하였습니다(대법원 1993. 3. 23. 선고 92다46905 판결). 다만 선량한 풍속 기타 사회질서에 반하여 위약벌이 지나치게 과다하다는 사정이 있는 경우에 한하여 전부 또는 일부를 무효로 할 수 있습니다.

　대법원 판례는, 위약금은 민법 제398조 제4항에 의하여 손해배상액의 예정으로 추정되므로, 위약금이 위약벌로 해석되기 위해서는 특별한 사정이 주장·증명되어야 하며, 계약을 체결할 당시 위약금과 관련하여 사용하고 있는 명칭이나 문구뿐만 아니라 계약 당사자의 경제적 지위, 계약 체결의 경위와 내용, 위약금 약정을 하게 된 경위와 교섭과정, 당사자가 위약금을 약정한 주된 목적, 위약금을 통해 이행을 담보하려는 의무의 성격, 채무불이행이 발생한 경우에 위약금 이외에 별도로 손해배상을 청구할 수 있는지, 위약금액의 규모나 전체 채무액에 대한 위약금액의 비율, 채무불이행으로 인하여 발생할 것으로 예상되는 손해액의 크기, 당시의 거래관행 등 여러 사정을 종합적으로 고려하여 위약금의 법적 성질을 합리적으로 판단하여야 한다고 보고 있습니다.

　즉, 위약금이 손해배상액의 예정이 아닌 위약벌로 해석되려면 이를 주장하는 측에서 '위약벌'이라는 특별한 사정을 입증해야 합니다. 당사자들이 채무불이행으로 인해 발생되는 금전적인 문제를 오로지 해당 위약금 약정에 근거한 구제수단만을 통해 해결하고 있다면 손해배상액의 예정으로 볼 수 있지만, 위약금 약정뿐만 아니라 그 밖에 다른 구제수단을 예정하고 있다면 위약금 약정은 계약위반에 대한 징벌로서의 위약벌로 볼 수 있다는 입장입니다(대법원 2016. 7. 14. 선고 2013다82944 판결 참조).

◎ 법원의 감액을 고려

앞서 살펴본 바와 같이 위약금과 손해배상의 예정은 부당히 과다한 경우 법원이 직권으로 감액할 수 있습니다.

법원이 손해배상 예정액이 부당히 과다하다 하여 감액하려면, 채권자와 채무자의 경제적 지위, 계약의 목적과 내용, 손해배상액을 예정한 경위(동기), 채무액에 대한 예정액의 비율, 예상 손해액의 크기, 그 당시의 거래관행과 경제상태, 채무자가 계약을 위반한 경우 등을 두루 참작한 결과, 손해배상 예정액의 지급이 채권자와 채무자 사이에 공정을 잃는 결과를 초래한다고 인정되는 경우라야 합니다(대법원 1997. 6. 10. 선고 95다37094 판결).

주유소 경영자가 정유회사 대리점과 체결한 석유류 제품 계속거래계약에 위반하여 타 경쟁사와 거래를 한 사안에서, 합의 당시 판매망 확보경쟁이 치열하여 주유소 경영자가 주도권을 가지고 대리점을 선택할 수 있었던 점, 수익이 적음에도 불구하고 정유회사 대리점이 교통의 요지에 위치한 그 주유소를 판매망으로 계속 확보하여 자사 제품의 선전효과 등 무형의 이익을 기대하고 있었던 점, 주유소 경영자가 합의 후 나흘 만에 타 경쟁사와 거래를 시작한 점 등을 참작할 때, 쌍방이 합의사항 위반 시 상대방에게 지급하기로 예정한 손해배상액이 주유소 경영자에게 공정을 잃은 결과를 초래한다고 볼 수 없다는 이유로 그 감액 주장을 배척한 사례가 있습니다.

♡ 계약금과 해약금

　계약금은 너무나 잘 아시는 내용일 텐데, 매매대금의 10%에 해당하는 금액을 계약체결의 근거로 지급하는 것을 말합니다. 그렇다면 해약금이란 계약을 해제할 수 있는 권리를 인정해주는 금액인데, 민법 제565조는 "매매의 당사자 일방이 계약 당시에 금전 기타 물건을 계약금, 보증금 등의 명목으로 상대방에게 교부한 경우, 당사자 간에 다른 약정이 없는 한 당사자의 일방이 이행에 착수할 때까지 교부자는 이를 포기하고 수령자는 그 배액을 상환하여 매매계약을 해제할 수 있다."라고 규정하여 계약금을 해약금으로 추정하고 있습니다.

　즉 부동산을 10억에 매매하는 계약을 체결한다고 했을 때, 매매대금의 10%인 1억을 계약금으로 지급하고 계약을 체결합니다. 이때 계약서를 즉시로 작성하는 경우가 대부분일 것입니다. 그리고 중도금을 지급하기 이전에 매도인은 지급받은 계약금의 배액인 2억을 매수인에게 지급하여 계약을 해제할 수 있고, 매수인은 자신이 지급한 1억을 포기함으로써 계약을 해제할 수 있습니다.

　다만 중도금을 지급하는 순간, 계약금은 더 이상 해약금으로서의 성격을 지닐 수 없습니다. 해약금의 존재는 계약의 구속력으로부터 탈출할 수 있는 무효, 취소, 해제, 해지와 동일한 역할을 하게 되는데, 만약 계약 후에 부동산의 가격이 폭등하였다고 가정한다면 매도인으로서는 2억을 주더라도 계약을 해제시켜버리는 것이 유리하기 때문에 계약을 해제하려고 할 것입니다. 양 당사자가 이러한 유동적인 상황을 조기에 마무리하기 위하여 계약금과 1차중도금을 같은 날에 지급하여 계약의 구속력으로부터 탈출할 수 없도록 하는 방법도 있습니다.

📍 가계약금과 계약의 파기

　이제는 가계약금에 대해서 살펴보겠습니다. 부동산 계약을 할 때 중개인들을 통해서 가계약금을 걸어두라는 요청을 많이 받아 보셨을 것입니다. 전체 계약대금이 10억이라면 계약금은 10%인 1억이 들어가야 맞는데, 정식 계약을 체결하기 전에 매물을 잡아두기 위해 2천만 원이라도 먼저 제공하여 물건을 선점하라는 요청입니다. 이러한 경우 2천만 원을 가계약금이라고 합니다. 그런데 정말 많은 분이 가계약금 상태에서의 계약 파기에 대해서 문의를 하십니다. 제가 진행한 사건들도 다수 있습니다. 왜냐하면 아파트 한 채가 기본 10억이 넘어가는 상황이라 배상청구금액이 1억이 넘는 경우가 많기 때문에 민사소송을 할 만한 청구금액이 되는 것입니다.

　이런 경우에 쟁점은 두 가지인데, 해당 계약이 가계약금의 수수로 인하여 계약체결이 이루어진 것인지 여부와 계약체결이 이루어졌다면 가계약금의 포기나 배액 배상이 아닌 계약금(위 사안에서 1억)의 포기나 배액 배상이 기준이 되어야 하는지 여부입니다. 만약 계약이 체결되지 아니하였다면 가계약금을 돌려주고 계약을 체결하지 않으면 되는 것입니다.

　관련하여 울산지방법원 2021. 6. 1. 선고 2020나12219 판결은, "가계약금이 당연히 해약금의 성질을 가지는 것으로 해석할 수 없다. 가계약금을 위약금으로 하는 특약, 즉 위약금계약이 있을 때만 그 가계약금은 비로소 위약금의 성질도 함께 가진다."라고 판시하면서, 계약내용과 관련한 계약서는 작성되지 않았고 계약내용을 담은 문자메시지가 전송된 사건에서 "위 사실만으로는 당사자 사이에 별도의 위약금약정이 체결되었음을 인정할 만한 증거가 없다. 그렇다면 이 사건 가계약금은 해약금을 넘어, 위약금의 성질까지 가진다고 볼 수 없다.", "위 문자메세지에 의하면 쌍방 간에 가계약을 위반하거나 본계약 체결을 거부할 경우에 가계약금 상당액을 위약금으로 지급한다는 내용은 없다. 가계약금을 포기하거나 가계약금의 배액을 제공하여 해약할 수 있다는 이른바 해약금약정은 채무불이행 시에 계약금 상당액을 손해배상액으로 예정하는 약정과 다르다."라고 하여 매도인의 위약금 청구를 모두 기각하였습니다.

쉽게 설명하면 매수인이 부동산을 사기 싫으면 2천만 원 지급한 가계약금을 포기하면 됩니다. 그런데 매수인은 부동산을 사고 싶은데, 매도인이 갑자기 안 팔겠다는 경우가 발생하면 매수인으로서는 매도인을 상대로 가계약금의 배액(4천만 원)을 청구하거나, 계약금의 배액(2억 원)을 청구할 수 있어야 합니다. 결국 4천만 원이나 2억 원을 위약금으로 한다는 약정을 특별히 추가로 체결해야만 이러한 금액이 위약금이 되어 매수인이 매도인에게 청구할 수 있고 그렇지 않으면 위약금 약정으로 볼 수 없어서 자신이 지급한 2천만 원만 돌려받고 계약은 끝난다는 의미입니다.

그렇다면 매수인의 손해는 무엇으로 보전 받을 수 있을까요? 매도인이 안 팔겠다고 의사표시를 한 이후에 상당히 부동산 가격이 많이 올랐다면요? 최근 저자가 매도인을 대리하여 승소한 사례를 소개드리고자 합니다.

서울중앙지방법원 1심 단독판사는 ①가계약금을 수수할 당시 중개인을 통해 수수한 문자 메시지에 당사자, 목적물, 대금 등이 확정되어 있었다는 점을 들어 매매계약의 성립을 인정하고, ②매수인의 계약해제에 따라 계약은 해제되고 매도인은 지급받은 가계약금을 돌려줄 의무가 있다는 점을 확인하였고, ③'매도인이 이 사건 계약을 해제하고자 하는 경우 계약금의 배액을 배상하고, 매수인이 이 사건 계약을 해제하고자 하는 경우 계약금을 포기한다'라는 취지의 조항은 이른바 '해약금 약정'에 해당할 뿐 '당사자의 채무불이행 시에 대비한 약정으로서의 위약금 약정'에 해당한다고 보기 어렵다는 기존 판례를 따랐습니다.

그러나 문제가 되는 부분은 손해를 배상하는 배상액 산정에 있었습니다. 매매대금이 14억 5천만 원인데, 1심 종결 직전 시세가 18억이니 그 차액인 3억 5천만 원을 매수인에게 배상하라는 것이었습니다. 매도인으로서는 어처구니가 없었습니다. 매도 거절 의사는 매매계약 직후에 했음에도 변론기일이 길어지고 그 사이 가격이 오른 부분을 모두 손해로 보고 이를 다 배상하라는 판결이니 이는 이행거절 당시의 급부목적물 시가를 표준으로 손해를 산정하는 기존 대법원판결(2005다63337 판결)과도 배치되었기 때문입니다.

매수인은 신이 나서 항소하였고 항소심 변론종결 당시를 기준으로 더 오른 시세를 배상액에 반영하여야 한다며 추가적인 배상을 청구하였습니다. 매도인을 변호하는 입장에서 기존 대법원판결에 따라 이행거절 당시인 매매계약 직후의 가격을 배상액으로 산정해야 한다는 점을 명확하게 항소심 재판부에 전달하였고, 다행히도 항소심은 매도인이 가계약금을 반환하기 위해 공탁한 시점의 아파트 시세인 14억 7,500만 원을 배상의 기준으로 보아야 한다고 판단하여 배상액을 2,500만 원으로 낮추었습니다. 결국 매도인은 항소심 승소에 따라 매수인으로부터 받을 1, 2심의 소송비용 합계(매수인이 항소심에서 신이 나서 청구금액을 더 높인 것까지 반영되어 매도인이 받을 수 있는 소송비용이 훨씬 더 상승하였습니다.)까지 더해져 매수인에게 배상하여야 하는 금액이 거의 없어지는 대승을 거둔 것입니다. 당시 암 투병 중이었던 의뢰인에게 큰 선물을 드릴 수 있게 되어 정말 기뻤던 승소판결로 기억됩니다.

여기서 팁을 하나 말씀드리자면 매도인의 입장에서 매도 직후 매도의사를 번복하고 싶은 경우에는 최대한 빨리 지급받은 가계약금을 공탁하여 이행거절의 의사를 명백히 밝혀야 손해배상금이 낮아지고, 만약 그사이에 부동산시세가 움직임이 없다면 배상하지 않아도 되는 유리한 입장이 될 수 있다는 점입니다.

♀ 손해배상의 일반적인 조항

손해배상을 논의할 때 제일 먼저 알아두셔야 할 것은 대한민국 민법은 손해3분설을 택하고 있다는 사실입니다. "적극손해", "소극손해", "정신적 손해" 이렇게 3가지에 포섭되지 않으면 손해배상을 받을 수 없습니다. 상대방의 과실로 병원에서 치료를 받으셨다고 가정한다면 적극손해는 병원비입니다. 내 돈이 나가는 손해입니다. 소극손해는 내가 일을 나가서 돈을 벌 수 있는데 병원에 입원해서 돈을 벌지 못한 부분에 대한 상실 손해입니다. 그리고 정신적 손해는 아시다시피 위자료라는 개념이고 대한민국 법원은 위자료를 매우 비현실적으로 짜게 산정하고 있습니다.

그리고 "통상손해"와 "특별손해"라는 것이 있는데, 상대방의 채무불이행으로 인하여 일반적으로 발생하는 손해를 통상손해라고 하고, 일반적으로 발생하지 않는 특별한 손해이지만 상대방이 이를 알거나 알 수 있었을 경우에는 그 손해도 배상에 포함시키는 것을 말합니다.

법원 "위약금(손해배상액의 예정)" 약정하는 경우, 특별손해까지 모두 포함하는 것이므로 채권자의 실제 손해가 예정액을 초과한다고 하더라도 초과부분을 따로 청구할 수 없습니다. 그렇다면 위약금 약정을 통해 손해액 입증의 편의성을 얻는다고 하더라도 잘못 약정하면 실제 손해를 모두 보전받지 못하는 문제도 발생한다는 사실을 알아야 합니다.

그러므로 결론적으로는 위약벌의 특약을 추가로 하고 손해배상에 대해서는 일반적인 조항을 통해 실제 손해를 보전 받는 것도 괜찮은 방법입니다.

12

계약의
해제와 해지

⦿ 계약의 해제

계약의 구속력으로 인하여 계약은 일단 체결하면 당사자 일방이 마음대로 종료시킬 수 없는 것이 원칙이지만, 법 규정이나 해당 계약에서 정한 사유가 발생하거나 당사자가 쌍방이 합의할 때는 예외적으로 허용됩니다. 그리고 앞서 배운 바와 같이 계약에서의 탈출 방법은 여러 가지가 존재합니다.

그중에서 "해제"는 계약관계를 소급하여 소멸시키고 쌍방이 주고받은 것이 있다면 부당이득으로서 반환해야 하는 법률효과를 발생시키는 것을 말합니다. 법에서 정한 해제사유와 당사자 사이에서 정한 해제사유가 있습니다. 당사자 사이에서 정한 해제사유는 천차만별이므로 그중 민법에서 정한 법정 해제권에 대해서 먼저 살펴보겠습니다. 민법에서는 이행지체, 정기행위, 이행불능에 대한 해제권을 규정하고 있습니다.

먼저 민법 제544조(이행지체와 해제)는 "당사자 일방이 그 채무를 이행하지 아니하는 때에는 상대방은 상당한 기간을 정하여 그 이행을 최고하고 그 기간 내에 이행하지 아니한 때에는 계약을 해제할 수 있다. 그러나 채무자가 미리 이행하지 아니할 의사를 표시한 경우 최고를 요하지 아니한다."라고 규정하여 앞서 설명해 드린 바와 같이 내용증명이 이러한 이행지체에 따른 해제 의사표시의 전달에 주로 활용되어집니다.

그리고 민법 제545조(정기행위와 해제)는 "계약의 성질 또는 당사자의 의사표시에 의하여 일정한 시일 또는 일정한 기간 내에 이행하지 아니하여 계약의 목적을 달성할 수 없을 경우, 당사자 일방이 그 시기에 이행하지 아니한 때에는 상대방은 전조의 최고를 하지 아니하고 계약을 해제할 수 있다." 당연히 결혼식 날 웨딩드레스가 안 오면 계약을 두말없이 해제해야지요.

마지막으로 민법 제546조(이행불능과 해제)는 "채무자의 책임 있는 사유로 이행이 불능하게 된 때에는 채권자는 계약을 해제할 수 있다."라고 규정하고 있는데, 채무자의 채무불이행은 계약 해제 및 손해배상청구라는 법률효과를 발생시킵니다. 그래서 계약서에 계약 해제는 손해배상청구에 영향을 미치지 아니한다는 규정(민법 제551조)을 상투적으로 넣습니다.

◎ 계약의 해지

일정 기간 계속하여 유지되는 계약의 경우 계속적 계약관계를 장래를 향해 소멸시키는 것을 "해지"라고 합니다. 이는 소급하여 계약관계를 소멸시키지 않고 그대로 인정하기 때문에 해제와 다릅니다. 그런데 실무에서는 계약서 조항에 해제와 해지를 모두 사용하고 있는데 두 개념은 완전히 다르고 법률효과도 다르다는 것을 알아야 합니다.

◎ 부수적 채무의 불이행과 해제

상담을 하다 보면 어느 정도의 채무불이행에서 계약을 해제할 수 있는지가 문제 되는 경우가 많습니다. 채무불이행을 이유로 계약을 해제하려면, 당해 채무가 계약의 목적 달성에 있어 필요불가결하고 이를 이행하지 아니하면 계약의 목적이 달성되지 아니하여 채권자가 그 계약을 체결하지 아니하였을 것이라고 여겨질 정도의 주된 채무이어야 하고 그렇지 아니한 부수적 채무를 불이행한 데에 지나지 아니한 경우에는 계약을 해제할 수 없습니다(대법원 2005. 11. 25. 선고 2005다53705 판결).

판례 중에서는 ①상가의 일부 층을 먼저 분양하면서 그 수분양자에게 장차 나머지 상가의 분양에 있어 상가 내 기존 업종과 중복되지 않는 업종을 지정하여 기존 수분양자의 영업권을 보호하겠다고 약정한 경우, 그 약정에 기한 영업권 보호 채무를 분양계약의 주된 채무로 보고 계약해제를 인정한 사례(대법원 1997. 4. 7. 자 97마575 결정), ②다운계약서 작성을 합의한 경우, 그 의무이행은 원칙적으로 매매계약의 주된 채무가 아니라 부수적 채무에 불과하므로, 이를 사유로는 계약을 해제할 수 없다는 사례, ②부동산매매계약서의 일부 특약조항을 위반할 때 그에 대한 위약금 조항이 있는 경우에는, 상대방은 위약금청구를 하여 불이행으로 인한 권리침해상태를 회복할 수 있으므로, 이를 위반했다는 사유만으로는 원칙적으로 본 계약 전체에 대한 계약해제를 인정하기 어렵다고 한 사례 등이 있습니다.

⊘ 사정변경과 해제 해지

대한민국의 법원은 계약을 체결할 때 예견할 수 없었던 사정이 발생함으로써 야기된 불균형을 해소하고자 신의성실 원칙의 파생원칙으로서 사정변경의 원칙을 인정하고 있습니다. 즉, 계약 성립의 기초가 된 사정이 현저히 변경되고 당사자가 계약의 성립 당시 이를 예견할 수 없었으며, 그로 인하여 계약을 그대로 유지하는 것이 당사자의 이해에 중대한 불균형을 초래하거나 계약을 체결한 목적을 달성할 수 없는 경우에는 계약준수 원칙의 예외로서 사정변경을 이유로 계약을 해제하거나 해지할 수 있다(대법원 2007. 3. 29.

선고 2004다31302 판결)고 판결하고 있습니다.

　여기에서 말하는 사정이란 당사자들에게 계약 성립의 기초가 된 사정을 가리키고, 당사자들이 계약의 기초로 삼지 않은 사정이나 어느 일방당사자가 변경에 따른 불이익이나 위험을 떠안기로 한 사정은 포함되지 않습니다. 사정변경에 대한 예견가능성이 있었는지는 추상적·일반적으로 판단할 것이 아니라, 구체적인 사안에서 계약의 유형과 내용, 당사자의 지위, 거래경험과 인식가능성, 사정변경의 위험이 크고 구체적인지 등 여러 사정을 종합적으로 고려하여 개별적으로 판단하여야 합니다. 이때 합리적인 사람의 입장에서 볼 때 당사자들이 사정변경을 예견했다면 계약을 체결하지 않거나 다른 내용으로 체결했을 것이라고 기대되는 경우 특별한 사정이 없는 한 예견가능성이 없다고 볼 수 있습니다.

　경제상황 등의 변동으로 당사자에게 손해가 생기더라도 합리적인 사람의 입장에서 사정변경을 예견할 수 있었다면 사정변경을 이유로 계약을 해제하거나 해지할 수 없습니다. 특히 계속적 계약에서는 계약의 체결 시와 이행 시 사이에 간극이 크기 때문에 당사자들이 예상할 수 없었던 사정변경이 발생할 가능성이 높지만, 이러한 경우에도 계약을 해지하려면 경제상황 등의 변동으로 당사자에게 불이익이 발생했다는 것만으로는 부족하고 위에서 본 요건을 충족하여야 합니다(대법원 2017. 6. 8. 선고 2016다249557 판결).

　코로나19의 발생을 예로 설명해 드리자면 최근 코로나로 인하여 매출이 급감한 명동의 임차인이 불가항력 조항을 근거로 계약을 해지할 수 있다고 본 판결(서울중앙지방법원 2021. 5. 25. 선고 2020가단5261441 판결)이 나와 주목받고 있습니다. 법원은 해당 임대차계약 불가항력 조항을 근거로 보았는데, 불가항력적인 사유로서 "팬데믹"또는 "전염병"을 직접적으로 명시하고 있지는 않으나, 그 중요한 요건으로 '영업을 계속할 수 없는 경우'를 계약서 조항이 명시하고 있었기 때문에 이러한 '영업을 계속할 수 없는 사유'를 넓게 해석하였습니다.

법원은 원고의 매출 대부분이 외국인 관광객을 통한 매출이었다는 점, 원고가 90%의 매출 감소에도 불구하고 매장을 유지할 경우에는 계속적 손해가 불가피하였다는 점, 그 어느 당사자도 코로나19의 발생이나 정부조치의 연장에 대하여 예상하지 못하였다는 점과 이것이 어느 당사자의 책임이라고 볼 수 없다는 점을 판결의 근거로 제시하였습니다.

⬥ 해제와 해지 조항 검토

제7조 (계약의 해지)
1. 당사자 일방에게 다음 각호의 사유 중 하나에 해당하는 사유가 발생한 경우 일방 당사자는 서면 통지로써 본 계약을 해지할 수 있다.
① 당사자 일방이 본 계약을 위반하여 상대방으로부터 시정요구를 받은 후 7일 이내에 시정하지 않은 경우
② 당사자 일방이 파산 또는 회생절차 신청 등을 제기한 경우
③ 당사자 일방이 제3자에게 발행한 어음 또는 수표가 지급정지 된 경우
④ 당사자 일방의 주요 재산에 대하여 보전처분, 압류, 강제집행 등이 발생하여 본 계약을 이행하기 어려운 경우
⑤ 기타 계약의 목적을 달성하기 어렵다고 객관적으로 '갑'이 판단하는 경우
2. 제1항의 해지는 '갑'과 '을'의 손해배상 청구에 영향을 미치지 아니한다.

위 샘플 조항에서 제1항 제5호가 눈에 들어오지 않으십니까? "계약의 목적 달성의 어려움을 판단한다는 것"이 상당히 주관적인데, 이를 갑이 한다는 것은 소위 갑질에 해당하는 것입니다. 변호사는 자신의 의뢰인에게 가장 유리한 자문을 하기 때문에 만약 갑이 이러한 조항을 검토 요청한다면 일단 넣으라고 하겠지만 향후 소송에서 이러한 규정이 하도급법 위반이나 조항해석에 있어서 상당 정도 변수가 존재한다는 점도 알려주어야 합니다. 만약 을의 입장이라면 전부 삭제를 강권해야 합니다. 주관적이고 임의적인 판단이 가능하므로 을에게는 너무나 위험한 조항입니다.

그리고 숨은 그림이지만 제1항 제4호도 주의 깊게 보아야 합니다. 왜냐하면 가압류, 가처분을 써 놓으면 느낌이 바로 오는데, 보전처분이라고 써 놓으면 그런가 보다 하고 넘어가는 수가 있습니다. 보전처분이란 본안소송에서 승소를 하더라도 상대방이 재산을 전부 숨겨버리거나 소송의 대상이 되는 부동산을 처분해버리면 판결문을 받아도 아무런 소용이 없기 때문에 판결문의 집행을 위해 가압류 또는 가처분을 미리 해두는 것을 말합니다.

본 조항에서 보전처분이라고 하면 제3자가 양 당사자 중 한 당사자의 주요 재산에 가압류나 가처분을 하는 경우라고 보시면 됩니다. 그런데 가압류나 가처분은 "증명"의 정도보다 낮은 "소명"의 정도만으로 법원이 쉽게 결정을 내려주기 때문에 가압류나 가처분이 선고된다고 하더라도 그러한 사실만으로 반드시 가압류나 가처분에서 주장하는 내용이 본안 판결에서 승소로 이어질 수는 없습니다.

많은 변수가 발생하고, 해방공탁을 통해 가압류를 쉽게 풀어버릴 수도 있습니다. 누구라도 아무런 잘못이 없는데도, 가압류를 당하는 경우는 비일비재합니다. 그러므로 저런 보전처분이 계약의 해지 사유로 들어가 있다면 계약을 해지하고 싶은 당사자가 제3자를 통해 소송에서 지더라도 가압류만 먼저 해달라고 부탁하고, 그런 가압류의 사실만으로 계약 해지를 통보할 수 있기 때문에 상당한 모략에 당할 수가 있습니다. 그러므로 계약의 해지 사유에서 보전처분은 빼야합니다.

그렇다면 압류나 강제집행과의 차이는 무엇인지 궁금할 수 있습니다. 사실 재판이 확정되어 권리의무관계가 판결로서 정리되는 때에 집행문을 발급받아 압류를 할 수 있고 압류에 따라 경매처분을 하는 강제집행을 할 수 있기 때문에 그 정도로 일방 당사자의 채무가 확정되는 경우라면 해지를 통해 법률관계를 종료할 수 있는 것은 해지사유로서 적합하다고 보아야 합니다.

제14조 (계약의 해제 및 해지)

① '갑' 또는 '을'은 다음 각호의 1에 해당하는 사유가 발생한 경우에는 본 계약을 해제, 해지 할 수 있다.

1. '갑' 또는 '을'이 금융기관으로부터 거래정지처분을 받은 경우

2. '갑' 또는 '을'이 감독관청으로부터 영업 취소, 정지 등의 처분을 받은 경우

3. '갑' 또는 '을'이 어음 및 수표의 부도, 제3자에 의한 강제집행(가압류 및 가처분 포함), 파산·회생절차의 신청 등 영업상의 중대한 사유가 발생하여 계약내용을 이행할 수 없다고 인정될 경우

4. '갑' 또는 '을'이 해산, 영업의 양도 또는 다른 회사로 합병을 결의한 경우

5. '을'이 고의 혹은 실수로 '갑'의 브랜드 이미지를 훼손하거나 '갑'의 신용을 해칠 경우

6. 기타 계약을 계속하기 어려운 중대한 사유가 발생한 경우

② '갑'은 다음의 경우 상당기간을 정하여 '을'에게 그 시정을 최고하고 그 기간 내에 을이 시정하지 않을 경우 본 계약을 해지 또는 해제 할 수 있다.

　　1. '을'이 본 계약의 내용을 위반한 경우

　　2. '을'이 물품의 시장가격 질서를 어지럽게 하거나 문란케 할 우려가 있다고 '갑'이 판단하는 경우

　　3. '을'의 판매능력이 현저하게 부족하여 본 계약의 목적달성이 곤란하다고 '갑'이 판단하는 경우

③ 제1항 및 제2항에 의한 계약의 해제 또는 해지는 상대방에 대한 서면으로 한다.

④ 계약의 해지 또는 해제는 손해배상의 청구에 영향을 미치지 아니한다.

샘플 조항을 하나 더 검토하자면 위와 같은 경우 먼저 계약의 해제와 해지는 구분하는 것이 좋으나 실무에서는 이 둘을 동시에 적시한 전형적인 해제 · 해지 조항이 사용되고 있습니다. 앞선 설명과 동일하게 "가압류 및 가처분 포함"은 삭제하시는 것이 합리적이라 판단됩니다.

그리고 항상 문제 되는 내용인 일방의 임의적인 해석과 권한행사 근거규정입니다. "이미지 훼손", "신용을 해칠 경우", "계약을 계속하기 어려운 중대한 사유", "판매능력이 현저하게 부족", "계약의 목적 달성이 곤란하다고 갑이 판단하는 경우"등은 이러한 조항의 수혜자가 되는 일방이라면 적극적으로 삽입하는 것이 좋고, 반대 당사자라면 추상성과 예측가능성 불가 등을 이유로 적극적으로 삭제하는 것이 좋습니다.

13

책임의 제한

ⓥ 불가항력 조항

> 제15조 (불가항력)
> '갑' 또는 '을'은 천재지변이나 국가비상사태, 폭동, 전쟁 등 불가항력의 사유로 상대방에게 발생시킨 손해 및 의무불이행에 대하여는 책임을 지지 아니한다.

일반적으로 흔히 볼 수 있는 불가항력 조항입니다. 다만 국가비상사태는 정치인들이 너무 자주 사용하고 있어 조금은 그 기준을 명확하게 말하기 힘든 부분이 있지만 천재지변이라는 단어는 많이 사용되고 있습니다. 하지만 나열되는 사유가 많은 것은 그렇게 추천 드리기 힘든 부분이 있습니다. 폭동도 미국에서 흔히 일어나는 폭동의 경우를 예정한다면 계약의 구속력이 매우 쉽게 무너질 수 있기 때문에 "천재지변, 전쟁 등"만으로 일반화해서 쓰는 것이 좋지 여기에 국가비상사태, 화재, 태풍, 정부의 조치, 쟁의행위 등 이런 다양한 사유들을 쓰게 되면 혼란만 가중시킵니다.

판례는 일반적으로 불가항력에 해당하기 위해서는 ①그 원인이 당사자의 지배영역 밖에서 발생한 것으로서 ②그 사업자가 통상의 수단을 다하였어도 이를 예상하거나 방지하는 것이 불가능하였음이 인정되어야 한다고 보고 있습니다(대법원 2008. 7. 10. 선고 2008다15940, 15957 판결). 100년 만에 쏟아진 폭우로 인한 수해 정도를 예로 들 수 있겠습니다.

현실에서는 다양한 불가항력 주장들이 있었습니다. 하지만 법원에서는 불가항력에 대하여 조금 인색한 태도입니다. ①IMF 사태 및 그로 인한 자재 수급의 차질 등은 그와 같은 불가항력적인 사정이라고 볼 수 없다(대법원 2002. 9. 4. 선고 2001다1386 판결). ②신종플루 사태로 인한 마스크 품귀 현상 때문에 마스크를 납품하지 못한 사업자가 불가항력을 주장하였으나, 법원은 마스크 납품계약을 체결할 당시부터 마스크 수요증가를 충분히 예측할 수 있었다는 이유로 마스크의 납품지연이 불가항력의 사유가 아니다(서울중앙지방법원 2010. 6. 16. 선고 2009가합145966 판결). 등의 판결이 존재합니다. 하지만 앞서 살펴 본 바와 같이 영업을 계속할 수 없는 불가항력 사유를 인정하여 코로나로 인하여 매출이 급감한 명동의 임차인이 불가항력 조항을 근거로 계약을 해지할 수 있다고 본 판결(서울중앙지방법원 2021. 5. 25. 선고 2020가단5261441 판결)도 존재합니다.

　계약에 따른 의무이행을 시작하기 전에 불가항력 사유가 발생하면 특별한 문제가 없지만 계약 이행을 어느 정도 진행한 이후에 불가항력이 발생한 경우에는 당시까지 진행한 용역의 결과물에 대한 정산이 필요할 수 있습니다. 결국 완성품을 받지 못했으므로 발주자의 입장에서는 어떠한 보수도 지급하고 싶지 않겠지만 그렇게 되면 불가항력에 따른 손해를 용역제공자가 모두 지게 되는 결과가 됩니다. 하도급법상 부당한 하도급취소에 가까운 결과가 됩니다. 그러므로 "불가항력으로 위와 같은 문제가 발생한 경우 '발주자'는 해당 시점까지 '용역제공자'가 진행한 업무에 대해 상호 협의 후 정산하여 지급한다."는 규정을 추가하여 용역제공자의 손해를 분담할 필요가 있습니다.

⊙ 지체상금 조항

제14조 (지체상금)

① '을'이 정당한 사유 없이 납기일에 납기(입고)를 완료하지 못한 경우, '을'은 지체일수에 대금의 3/10000를 곱한 금액(이하 '지체상금'이라 한다)을 대금에서 공제한다. 단, 지체상금은 계약 대금의 5%를 초과할 수 없다.

② 다음 각호 중 하나에 해당되어 납품이 지체된 경우에는 그 해당 일수를 제1항의 지체일수에 산입하지 아니한다.

  1. 천재지변, 전쟁, 화재 등 불가항력의 사유에 의한 경우

  2. '갑'의 책임으로 납기가 지연되거나 중단되었을 경우

  3. 문서에 의한 '갑'의 사전 승인으로 납품이 지체된 경우

  4. 기타 '을'의 귀책사유가 아닌 이유로 지체된 경우

　물건을 제조하여 납품하거나 공사를 업으로 하는 공사업체의 경우에는 납품 및 공사완료가 지체상금의 발생과 관련하여 매우 중요한 기준이 됩니다. 업계 관행 상 지체상금 조항 자체를 거부할 수는 없겠지만 지체상금이 존재한다고 하더라도 그 한계를 두는 것은 책임 제한의 방법으로 아주 좋습니다. 지체상금에 한계를 씌워 놓지 않은 경우에는 지체상금으로 인하여 지급받아야 할 공사대금의 상당액이 감액되는 결과가 발생하기 때문입니다.

　제2항에서 나열하는 천재지변이나 전쟁 같은 상황에는 지체의 일수에 산입되지 않는 것은 당연하고 전체 계약의 불이행에 대해서도 책임을 면할 수 있는 불가항력 사유가 됩니다.

⦿ 지배영역의 개념

 공사업자가 오피스텔 공사를 지연하여 "계약에서 정한 입주예정일로부터 3개월 이내에 입주할 수 없게 될 경우 분양계약을 해제할 수 있다"라는 분양계약 조항을 근거로 수분양자들이 계약해제를 주장한 사안(서울중앙지방법원 2019. 5. 22. 선고 2018가합529238 판결)에서 공사업자는 ①연약지반이라는 이 사건 오피스텔 부지의 지질학적 특성, ②인접 오피스텔 공사현장과의 착공 시기 일치, ③P단체의 파업 등은 자신의 지배영역 밖에서 일어난 일이므로 책임이 없다고 주장하였습니다. 그러나 법원은 ①오피스텔 사업부지의 지질학적 특성은 시행사 또는 시공사가 착공 전에 사전조사를 통하여 인지하고 있어야 할 사항이므로 오피스텔 부지의 지질학적 특성은 공사업자의 지배영역 밖의 사유로 보기 어렵다고 판단하였습니다. 그리고 ②인접현장에 대한 사전조사나 건설기계 조달은 기본적으로 공사업자의 책임영역 안에 있는 사항이므로, 인접현장의 동시착공으로 인하여 착공이 늦어졌다는 등의 사정 역시 불가항력의 사정으로 볼 수 없으며, ③P단체의 파업으로 인하여 레미콘 공급 차질로 인한 공정지연 일수를 명확히 특정하기 어렵고, 설령 레미콘 공급 차질이 공사일정 및 입주일정에 일정 부분 영향을 미쳤다고 하더라도 이를 천재지변에 준하는 불가항력의 사정으로 보기는 어렵다고 보았습니다.

⦿ 코로나와 메르스

 해외여행을 위한 항공권 계약을 체결하였는데, 코로나의 확산으로 취소하고자 하는데 항공사는 이를 거부한다면 항공사로부터 전액 환불을 받을 수 있을까요?

공정거래위원회의 국외여행표준약관 제16조 제2항, 제12조 제1항에 따르면, 여행사 또는 여행자는 여행 출발 전에 ①여행자의 안전과 보호를 위하여 여행자의 요청 또는 현지사정에 의하여 부득이하다고 쌍방이 합의한 경우, ②천재지변 등으로 여행의 목적을 달성할 수 없는 경우에는 손해배상액을 지급하지 아니하고 여행계약을 해제할 수 있다고 규정하고 있습니다.

그렇다면 현재 쌍방이 합의한 경우가 아니므로 천재지변으로 여행의 목적을 달성할 수 없는 경우에 해당하는지 여부를 살펴보아야 합니다. 코로나19 그 자체를 천재지변이나 불가항력으로 볼 수는 없을 것입니다. 여행 자체가 제한되는 사유를 종합해서 보아야 하는데, 여행조건이 변경된 이유가 해당 국가에서의 입국 금지나 항공 노선 취소라면 두 말 없이 불가항력이나 천재지변에 해당하겠으나 코로나 감염의 위험이라면 상당히 다툼의 여지가 있다고 보아야 합니다.

2015년 메르스 사태로 인하여 제주도로 방문하는 중국 여행객들의 취소 사태가 대량 발생하였습니다. 그 손해는 여행사가 질까요? 아니면 호텔이 질까요?

여행사가 미리 여러 객실을 사용하는 객실사용계약을 체결하여 소위 말하는 입도선매를 하였는데, 메르스 사태로 심각한 피해를 겪게 되자 실제로 여행객들이 사용한 호텔 객실에 대해서만 대금을 지급하게 됨에 따라 호텔에서 객실사용계약에 따른 모든 대금을 지급하라고 소송을 제기한 것입니다. (제주지방법원 2016. 7. 21. 선고 2016가합192 판결)

이 사건은 메르스 사태로 인한 손해의 위험을 누가 지는지 여부가 핵심이었습니다. 사실 해당 계약은 실제로 "호텔을 사용하는지 여부와 상관없이"라는 계약 조항이 포함되어 있고, 일정 수량의 객실을 통으로 계약하는 것이므로 법원은 메르스 사태로 인하여 제주도의 중국인 관광객이 심각하게 감소한 사실을 인정하면서도 다만 중국인 관광객을 모아오는 역할은 호텔이 아닌 여행사의 위험영역이며 이에 따라 메르스 사태로 인하여 중국 관광객이 감소하였다는 사정만으로는 당사자 쌍방의 귀책사유 없이 채무가 이행불능된 경우에 해당하지 않는다고 판단하였습니다.

⊙ 책임 제한 조항 소송 사례

불가항력이 아니더라도 채무자의 책임 있는 사유가 아닌 경우는 많습니다. 그러한 경우에도 책임이 제한된다는 규정을 둔다면 실제 사례에서는 적용될 경우가 많습니다. 계약위반으로 인한 손해배상은 그 위반을 직접적인 원인으로 하여 발생한 상대방의 모든 손해를 배상하는 것이 원칙이나 이를 고수하면 위반자에게 가혹한 경우가 발생할 수 있습니다. 대규모 건설 공사나 무역 운송 등 거래규모가 큰 계약의 경우 손해배상의 금액도 그에 비례하여 증가할 수 있기 때문입니다.

> '을'이 세무조정을 수행함에 있어 '을'의 고의 또는 중대한 과실로 인해 '갑'에게 손해를 끼친 경우라고 명백하게 입증되는 경우에는 '을'이 수행한 세무조정업무와 관련한 가산세 등의 해당액에 대해서 제5조 제2항의 보수금액의 3배를 한도로 '갑'에게 배상한다.

위 샘플 조항은 실제 소송 사례로 이어진 책임 제한 조항입니다. 세무대리인인 법인세 신고를 대리하였는데, 가산세가 나온 전형적인 전문가 책임 소송입니다. 을이 손해배상책임을 지기 위해서는 "중과실" 여부가 확정되어야 하고, 중과실이라고 하더라도 책임제한 조항에 의해 그 배상액이 제한됩니다. 아주 실효성 있는 규정인데, 당시 가산세는 1억이 넘었으나, 보수금액은 5백만 원밖에 되지 않아 세무대리인의 입장에서는 매우 유리한 규정이었습니다.

제14조 (배상책임과 면책)

① 재무제표의 작성과 공시의 책임은 회사에 있으므로 회사가 고의 또는 과실로 위조, 변조, 허위 기타 부정한 자료를 감사인에게 제공하거나 감사에 필요한 자료와 정보를 감사인에게 제공하지 않음으로써 회사가 감사인에게 손해를 가하거나 위와 같은 회사의 잘못과 관련하여 감사인이 제3자나 국가기관으로부터 고소, 고발 또는 손해배상청구를 당한 경우 감사인의 고의 또는 중대한 과실이 없는 한 회사는 감사인이 책임을 면할 수 있도록 그 방어에 소요되는 일체의 비용을 부담하고, 감사인이 소송 결과 지게 되는 책임에 대하여도 회사는 감사인을 면책시킬 의무가 있다.

② 감사인의 계약사항 위반, 감사 수행 시 고의 또는 중대한 과실로 회사에 발생한 손실에 대하여 감사인은 이 계약에 의거 수령하는 해당연도 감사보수의 배(몇 배 한도가 없는 경우에는 감사보수금액을 한도로 한다)를 한도로 배상책임을 지며, 그 밖의 감사인의 감사 수행결과로 인하여 발생하는 모든 손해와 비용 등에 대하여 감사인은 책임지지 아니한다.

저자는 회계법인(외부감사인)의 책임 관련 소송에 대하여 많은 사례를 수행하였고, 관련 투자자소송, 분식회계소송의 전문가로 인정받고 있습니다. 그렇다 보니 일반 계약보다 조금은 전문적인 외부감사계약과 관련하여 회사와 외부감사인 사이의 책임제한에 대하여도 검토할 일이 많습니다. 회사는 연말에 회계감사를 받고 외부감사인으로부터 감사의견을 받아 이를 공시합니다. 의견거절이 나오면 상장폐지까지 될 수 있는 위험이 있기 때문에 회계기준에 맞추어 재무제표를 잘 작성해야 합니다. 그렇다보니 감사의견을 표방하는 외부감사인과 충돌하는 경우가 많습니다.

위와 같은 책임제한 조항은 감사인이 고의 또는 중과실이 없는 한 회사에 대하여 책임을 지는 경우가 없으며, 제3자로부터의 소송에서도 회사는 감사인을 면책시켜야 한다는 조항입니다. 그리고 설사 고의 또는 중과실로 회사에 손해를 끼쳤다고 하더라도 회사와의 사이에서는 감사보수의 몇 배 정도의 한계 내에서 책임을 제한한다는 규정을 외부감사 표준계약에서 사용하고 있습니다. 다만 제3자로부터 자본시장법이나 외감법상의 책임을 묻는 소송이 제기되는 경우에는 어떠한 책임제한도 사전에 규정할 수 없고, 다만 손해배상청구소송에서 과실상계 정도로 그 책임을 나눌 수 있을 뿐입니다.

수익배분 조항

♀ 동업계약과 수익배분 조항

갑자기 수익배분 조항을 논하는 이유가 궁금하실 수 있습니다. 회사가 잘 되는 과정을 조금 설명해 드리자면 먼저 개인사업자로 시작합니다. 그리고 법인사업자로 전환하죠. 동업을 하면서 지분을 나눕니다. 그리고 투자를 받기 시작하고 회사는 성장합니다. 그러다 IPO를 통해 거래소 자본시장으로 진출하게 됩니다. 대부분의 회사가 이러한 과정을 밟아서 성장하고 그 과정에서 많은 분쟁을 경험하게 됩니다.

저자는 IPO컨설팅뿐만 아니라 스타트업 동업자 분쟁까지 모두 자문하고 소송을 대리하는 역할을 하면서 기업의 생로병사를 늘 지켜보고 있는 입장에서 최초 법인사업자가 성장하면서 동업자들 사이에 수익배분에서 분쟁이 발생하여 사업이 좌초되는 경우를 많이 보아왔습니다. 그래서 회사가 매출을 일으켜 수익을 내고 이를 동업자들, 지분권자들 사이에서 배분하는 조항이 얼마나 중요한지 잘 알고 있습니다. 심지어 회사가 IPO를 끝내고 상장하여도 이후에 주주총회에서 항상 나오는 이슈는 이익배당이라는 사실입니다. 이하에서는 동업자 수익배분 조항에 관해 설명해 드리겠습니다.

⊙ 수익을 5대5로 나누는 조항

제7조 (수익의 배분)
본 계약과 관련한 모든 수익은 '갑'과 '을'이 각각 50%씩의 권리를 갖는다.
여기서 수익이라 함은 총매출액에서 총비용을 제외한 세금 공제 전의 순수
입을 말한다.

 위 수익배분 조항은 일견 합리적인 조항으로 보이고, 아무 생각 없이 동
업자들 사이에서 수익을 나누자고 합의를 보았다면 대부분 저렇게 수익배
분 조항을 만들 것입니다. 하지만 이러한 수익배분 조항은 법적 분쟁의 가
능성이 매우 큽니다. 계산의 근거가 불명확한 수익분배 약정은 동업자들
사이에서 반드시 소송으로 이어지도록 되어 있습니다.

 계약서에서 사용되는 문장은 계약서 내에서 최대한 모든 내용이 완결될
필요성이 있습니다. 하지만 수익 배분 계약은 그저 "모든 수익은 5:5로 한
다."가 전부입니다. 수익을 5:5로 하기 위해서는 매출액이 근거 자료를 통
해 정확히 공유되고 총비용의 항목도 동일하게 근거 자료를 통해 명확히
공개되고 이를 제외한 순수입을 계산한 정산서가 작성되어야 하며 이러한
정산서는 근거 자료를 모두 첨부하고 있어야 합니다. 그리고 그러한 정산
서가 적정하게 계산되어 작성된 것인지 검증하는 절차를 거쳐야 합니다.
어렵습니다. 그런데 항상 회사를 주로 운영하는 동업자의 입장에서는 자기
혼자 돈을 다 벌어서 아무것도 하지 않는 동업자를 먹여 살린다고 생각하
기 때문에 늘 순수입을 어떻게 하면 줄일 것인지를 고민하게 됩니다.

제3조 (정산 및 수익배분)

1. '어플리케이션'의 운영으로 발생한 월 수익금에 대하여는 개발사 20%, '갑' 70% '을'10%로 배분한다.
2. '갑'은 매출 투명성을 보장하기 위해 각종 결제코드, 광고계정 및 은행계좌 거래내역 등을 '을'에게 공개한다.
3. 수익정산과 관련된 정산일자, 정산방법, 정산비율은 '갑'과 '을' 중 누구라도 조정을 요청할 수 있고 쌍방이 협의하여 조정할 수 있다.
4. 수익정산금 수령은 세금계산서 발행을 원칙으로 한다.

조금 더 진일보한 수익배분 조항은 위와 같이 매출 투명성을 보장하기 위하여 각종 자료를 공개한다는 규정을 두는 것입니다. 다만 수익계산의 단위는 "월(01일~말일)단위로 하고 월매출액에서 매입원가금액을 차감한 금액에 대해 익월 25일까지 정산서를 교부하며 말일까지 수익배분 하기로 한다."라는 조항이 더 구체적으로 추가되는 것이 좋을 듯합니다. 그렇다고 하더라도 대부분의 분식회계는 매출이 아닌 비용에서 발생한다는 사실이 중요합니다. 아래에서는 이와 관련된 소송을 설명해 드리고자 합니다.

♡ 분식회계와 소송

저자가 실제로 수임해서 진행한 동업자 소송은 상당히 많습니다. 그리고 대부분이 비슷한 형태의 분식회계가 존재하였고, 비슷한 소송절차가 진행되어, 비슷한 결과로 마무리되었습니다. 그중 한 사건을 말씀드리면 작가는 캐릭터 애니메이션을 계속해서 그려서 공급하고 회사는 이를 이용하여 각종 상품을 제작 판매 등의 수익사업을 통해 매출을 올리는 역할을 하기

계약서 제대로 알고 써라

로 하고 수익은 5:5로 약정하였습니다. 대부분 이러한 경우 매출 관리 및 회계를 회사에서 전적으로 진행하기 때문에 작가로서는 회사 내부의 회계 자료에 접근 권한이 없습니다. 그렇다면 회사의 밖에 있는 작가의 입장에서는 회사가 매달 써주는 검증되지 않은 정산서에 적혀 있는 내용을 그저 믿을 수밖에 없는 것입니다. 어느 정도 기간이 지나면 이제는 회사가 아예 수익이 없다며 정산할 돈도 없다고 합니다. 하지만 회사는 분식회계를 통해 비용을 부풀리고 거짓말을 하는 것이지 실제로는 수익이 존재했던 것입니다. 매출에서 비용을 빼면 수익이 되는데, 매출 조작은 한계가 있지만 비용은 뻥튀기로 부풀려서 얼마든지 만들어낼 수 있습니다.

해당 캐릭터와 상관없는 인력 및 각종 비용을 포함시키기도 하고, 비싼 고급 외제차를 타면서 비용을 늘리기도 하며, 해외여행을 즐기기도 합니다. 아래의 박스에서 적시된 내용은 이 회사가 저지른 분식회계의 정황들입니다.

(1) 갑제9호증 제11기 상품매출이 2천여만 원이나 상품매출원가가 4천 5백만 원 정도로 두 배 이상 현저히 많이 책정되어 있어 매출대비 원가가 비정상적입니다.

(2) 10기부터 13기까지 4년간 기초제품 재고액이 동일하게 유지되고 있어 이에 대한 신뢰도가 매우 낮습니다.

(3) 제11기만 보더라도 갑제8호증 정산서상에서는 매출액이 592,079,083원으로 되어 있으나 갑제9호증 손익계산서상의 매출액은 678,226,104원으로 캐릭터와 관련 없는 매출은 제외하여 조정한 사실을 알 수 있습니다. 그렇다면 이처럼 비용도 캐릭터와 관련 없는 비용은 제외되어야 할 것이지만 갑제8호증 정산서의 11기 비용과 갑제9호증 손익계산서상의 비용항목은 모두 동일하고 단지 지급수수료 부분만 임의로 줄여놓았습니다.

(4) 직원급여, 퇴직급여, 복리후생비의 비중이 상당히 큰데, 인건비신고현황을 파악하여 캐릭터와의 연관성을 파악할 필요성이 큽니다.

(5) 손익계산서의 판매관리비 부분에서 제일 큰 비중을 차지하는 지급수수료 부분은 1억 3천만 원에 가까운 비용인데 이에 대해서는 기타소득 원천징수 등이나 계약서 확인 등을 통해 충분히 확인할 수 있는 내용입니다.

(6) 손익계산서상에 11기만 보더라도 이자수익이 27,910,096원이나 있고 4개 연도에 비슷한 수준을 유지하고 있는데 금융상품의 존재를 밝혀야 할 것이며, 이자비용도 11기의 경우 2천만 원이 넘는 수준이고 4개연도에 비슷한 수준을 유지하고 있으므로 차입금 등의 실체를 밝혀야 할 필요성이 매우 큽니다.

동업계약을 하고자 한다면 저런 분식회계의 정황을 다 찾아낼 수 있어야 합니다. 회사의 정산 근거 자료를 동업자인 작가가 모두 원천자료로서 확인할 수 있어야 하고, 이를 매번 검증해야 제대로 된 수익배분이 이루어질 수 있는 것입니다. 그렇지 못한 경우에는 소송을 해야 하나 소송도 만만치 않습니다. 왜냐하면 그러한 회계자료를 일단 법원에 제출하도록 만들어야 하고 제출된 회계자료를 감정인을 통해 정산의 적정성을 평가하는 과정을 거쳐야하기 때문입니다. 일단 회사는 회계자료를 제출하지 않기 위해 완강히 거부합니다. 회사가 이사하면서 자료가 모두 멸실되었다는 핑계를 대기도 했습니다. 그래서 아래 박스와 같은 문서제출명령신청을 하여야 하는데, 대부분은 법원에서 회사에 임의제출을 권하고 이를 받아들이지 않는 경우에는 문서제출명령이 대부분 내려집니다. 법원의 문서제출명령이 있었음에도 회사가 이를 내지 않는 경우에는 동업자가 입증하려고 하는 입증취지를 법원이 인정해 줄 수 있는 효과가 있으므로 법원의 문서제출명령은 상당히 강력한 수단이 됩니다.

'○○○○ 숲 이야기' 사업과 관련하여

1. 2002. 1. 1.부터 2014. 9. 22.까지 정산서 및 손익계산서

2. 2002. 1. 1.부터 2014. 9. 22.까지 법인카드 사용내역서

3. 2002. 1. 1.부터 2014. 9. 22.까지 법인통장 사본

4. 2002. 1. 1.부터 2014. 9. 22.까지 세무사 기장대리로 인한 기장 자료

피고 ○○○엔터테인먼트(주)가 저작권 설정 계약서상 수익금 정산 시기인 2002. 1. 1.부터 계약 해지시인 2014. 9. 22.까지 '○○○○ 숲 이야기'관련 사업과 관련한 비용을 정확하게 반영하지 아니하고 비용을 부풀리는 등 원고에게 정당한 수익금을 지급하지 아니한 사실

이렇게 법원의 문서제출명령에 따라 현출된 자료는 다시금 법원의 감정 절차에서 선정된 감정인(대부분이 회계사)을 통해 회계처리의 적정성을 확인 하는 절차를 거치면 결론이 나오는 것입니다.

그런데 회사의 회계자료가 회사 밖으로 나오는 순간 민사소송에서 패소하 는 것이 문제가 아니라 각종 분식회계 및 횡령의 실마리가 같이 드러나기 때 문에 회사는 절대로 회계자료를 내놓을 수 없습니다. 그래서 회사는 합의를 요청하게 되고 본 사건도 합의로 종료하였습니다. 이런 유사한 사건을 여러 차례 변호해 본 결과 다 똑같은 결과입니다. 수익정산하자고 해놓고 정산을 안 해서 이러한 형태의 소송이 벌어집니다. 문서제출명령신청, 감정신청을 넣으면 자연스럽게 상대방이 합의안을 들고 찾아옵니다.

♡ 수익 배분이 아닌 월정액의 지급약정

  만약 동업을 하면서 일방은 월정액의 보수를 받는 경우도 존재할 수 있습니다. 예를 들어 연예인이 자신이 홍보나 광고에서 역할을 하고 일정 보수를 받는 형태의 계약서라고 한다면, 이는 회사의 매출이 높든 낮든 일정 보수를 받을 수 있습니다. 매출이 높은 경우에는 수익 비율로 약정한 것 보다 낮은 보수를 받아 아쉬울 수 있지만 매출이 낮은 경우에는 그러한 리스크를 회사가 전적으로 지기 때문에 회사가 어렵더라도 연예인은 월정액의 보수를 청구할 수 있습니다. 즉 월정액으로 보수의 지급을 확정해두면 불확정성이나 변동성을 사전에 제거할 수 있어 소위 말하는 리스크 헷지(투자 자산을 울타리 안에 잘 보호함)에 좋습니다. 그리고 회사가 보수를 지급하지 않아 소송을 진행하는 경우에도 미지급한 월수와 보수를 곱하여 단순히 용역대금으로 청구하면 되므로 앞서 설명 드린 복잡한 정산 과정을 거치지 않아서 좋습니다.

PART. 15

대금지급과 변제

♀ 소비대차 계약

소비대차 계약의 구성요소는 매우 간단합니다. 계약서에 당사자, 원금, 이자, 변제기 정도만 특정하면 소비대차계약을 구성하는 요소는 갖춰지는 것입니다. 소비대차는 해당 금액만 받으면 되기 때문에 채권자의 입장에서는 제일 법률구성하기가 좋습니다. 제일 힘든 것이 바로 '투자금'입니다. 투자금은 원금 보장이 존재하지 않으므로 때문에 회사가 운영이 잘 안되어 원금을 상실하더라도 이를 보장받을 길이 없습니다. 그리고 투자금 반환의 경우에는 동업자 조합의 법리 등 복잡한 법률관계가 구성될 수 있습니다. 그래서 투자금 대신 고리대를 선택하는 경우도 많습니다.

어떤 형태의 법률관계든지, 특히나 복잡한 역사가 있는 법률관계의 경우에는 최종적으로 얼마를 주고받으면 되는지 정리하는 소비대차 형식의 법률관계로 마무리하는 것이 좋습니다. 하지만 청구금액이 정리되었다고 하더라도 실제 지급 시까지는 아직도 건너야 할 산이 많습니다. 소위 말하는 채권추심이라는 부분이 기다리고 있습니다. 채권추심을 계약서에 담을 수 있는지 여부를 물으실 테지만 채권추심을 잘하기 위한 계약서 작성도 당연히 존재할 수 있습니다.

청구권원이 명확하고 청구금액이 확정되면 그다음은 추심을 위한 수단이 어떻게 준비되어 있는지를 검토하여야 합니다. 제일 좋은 것은 인적 담보와 물적 담보의 확보입니다. 담보만 있으면 담보물을 처분하여 환가하고 여기서 돈을 지급받을 수 있으므로 제일 간단합니다.

다만 여기서도 "가등기담보 등에 관한 법률"이 존재하기 때문에 유질이나 양도담보로 소유권 자체를 그냥 가져갈 수는 없습니다. 즉 담보물의 소유권을 가져가고 싶다면 "채권자가 담보계약에 따른 담보권을 실행하여 그 담보목적부동산의 소유권을 취득하기 위해서는 그 채권의 변제기 후에 제4조의 청산금의 평가액을 채무자 등에게 통지하고, 그 통지가 채무자 등에게 도달한 날부터 2개월(이하 '청산기간'이라 한다)이 지나야 한다. 이 경우 청산금이 없다고 인정되는 경우에는 그 뜻을 통지하여야 한다(제3조 제1항)."고 규정하고 있습니다.

⊙ 대금지급 조항의 검토

제4조 (판매수수료)

① 물품의 판매수수료율 및 대리점 활동비 '갑'의 판매수수료 규정에 따르고 이를 별지로 첨부한다.

② '갑' 또는 '을'이 계약기간의 만료에 따라 판매수수료율을 변경하려는 경우에는 계약기간의 만료일로부터 (1개)월 전까지 변경을 희망하는 마진율 및 변경 사유를 상대방에게 서면으로 통보한 후 시장상황 등을 고려하여 상호 협의하여 결정한다.

③ 제2항에서 새로운 계약기간이 시작된 이후에도 판매수수료율에 대한 합의가 이루어지지 아니하는 경우 종전의 판매수수료율을 적용하고, 최종 합의가 이루어지는 시점부터 변경된 판매수수료율을 적용한다.

위 샘플에서는 제3항을 누가 활용할 것인지의 문제가 발생합니다. 판매수수료율을 유지시키고자 하는 당사자는 어떤 핑계를 대든지 판매수수료율에 대한 합의를 거절할 것입니다. 그렇게 되면 판매수수료율을 변경할 방법이 없습니다. 그러므로 당사자 합의에 맡기는 조항은 어떻게 보면 조금은 무책임할 수 있습니다. 만약 갑의 상황이라면 판매수수료율의 인상을 청구할 수 있고 이는 당연히 인상 계약으로 체결되어야 한다는 형성권을 부여하는 것이 좋습니다. 갑에게 너무 일방적으로 유리하게 보이지 않기 위해서는 수수료율의 인상 폭에 한계를 설정하는 방법을 쓰면 되고, 일단은 수수료율 인상이라는 상황은 물가인상 등을 고려하여 일방적으로 할 수 있도록 하는 것이 중요합니다.

제4조 (대금의 지급)
① '갑'은 '을'에게 제3조에 따라 대금을 지급하여야 한다.
② 계약금과 중도금에 대하여 미리 세금계산서를 발행하는 경우, 제3조에도 불구하고 '갑'은 부가가치세법 제17조 제2항에 따라 세금계산서 발급일로부터 7일 이내에 계약금 및 중도금을 송금하여야 한다.
③ '갑'이 제3조 및 본 조 제2항에 따른 대금 지급을 지체할 경우 1일마다 총지급 대금(부가세포함)의 3/10000을 지연손해금으로 '을'에게 지급한다.

위 조항은 실무적인 지급 날짜 이슈를 담고 있는데, 대부분 대금지급의 기준이 되는 날짜를 특정하는 것이 중요한 문제가 됩니다. 샘플은 세금계산서 발행 기준으로 계약을 체결하였고, 실무에서도 세금계산서 발행은 대금 지급의 기준이 되는 주요 이슈 중 하나입니다.

◎ 채권의 공정한 추심에 관한 법률 상 '채권추심자'

　법률업무 중 가장 빈번하게 발생하는 업무가 추심업무라고 해도 과언이 아닙니다. 저자도 최근 마스크 사기 5억, 마스크 기계 대금 12억 등의 추심을 진행하면서 추심이 얼마나 힘든 일인지 새삼 깨닫고 있는 중입니다. 누구라도 한 번 쯤은 돈을 빌려보기도 하고 빌려줘 보기도 하고, 돈을 떼이기도 하고, 받기도 한 경험이 있을 것입니다. 그래서 채권추심법은 일반인들도 반드시 한 번은 읽어봄 직한 법률이라고 생각됩니다. 채권추심법의 기본 개념에서 한 가지 설명해 드리고자 하는 부분은 "채권추심자"라는 개념입니다.

　채권추심법 제2조(정의) 나목을 보면 "금전대여 채권자"라는 단어가 있습니다. 돈을 빌려준 사람이라면 금전대여를 업으로 하든 그렇지 않든 모두 채권추심자가 되는 것입니다. 돈을 빌려주고 나면 채권자가 약자입니다. 채권추심법은 불법한 추심을 근절하기 위한 훌륭한 목적에 의해 만들어진 민생 관련 법입니다. 하지만 채무자를 과하게 보호하다 보니 정작 불쌍한 채권자들도 늘어나고 있습니다.

　제가 접하고 있는 실무에서는 영화에서처럼 협박과 폭력을 통해 돈을 받아가는 추심자가 아니라 울고불고 사정해도 돈을 주지 않는 나쁜 채무자들의 모습을 더 자주 볼 수 있는 상황이 벌어지고 있습니다. 친구에게 돈을 빌려주고 이를 돌려받기 위해서는 채권추심법을 엄격하게 준수하셔야 합니다. 그렇지 않으면 형사처벌까지 받을 수 있습니다.

제2조 (정의)

이 법에서 사용하는 용어의 뜻은 다음과 같다.

1. "채권추심자"란 다음 각 목의 어느 하나에 해당하는 자를 말한다.

　　가. 「대부업 등의 등록 및 금융이용자 보호에 관한 법률」에 따른 대부업자, 대부중개업자, 대부업의 등록을 하지 아니하고 사실상 대부업을 영위하는 자, 여신금융기관 및 이들로부터 대부계약에 따른 채권을 양도받거나 재양도 받은 자

　　나. 가목에 규정된 자 외의 금전대여 채권자 및 그로부터 채권을 양도받거나 재양도 받은 자

　　다. 「상법」에 따른 상행위로 생긴 금전채권을 양도받거나 재양도 받은 자

　　라. 금전이나 그 밖의 경제적 이익을 대가로 받거나 받기로 약속하고 타인의 채권을 추심하는 자(채권추심을 목적으로 채권의 양수를 가장한 자를 포함한다)

　　마. 가목부터 라목까지에 규정된 자들을 위하여 고용, 도급, 위임 등 원인을 불문하고 채권추심을 하는 자

◎ 채권추심법 상 '대리인의 선임'

제8조의2 (대리인 선임 시 채무자에 대한 연락 금지)

다음 각 호를 제외한 채권추심자는 채무자가 「변호사법」에 따른 변호사·법무법인·법무법인(유한) 또는 법무조합을 채권추심에 응하기 위한 대리인으로 선임하고 이를 채권추심자에게 서면으로 통지한 경우 채무와 관련하여 채무자를 방문하거나 채무자에게 말·글·음향·영상 또는 물건을 도달하

게 하여서는 아니 된다. 다만, 채무자와 대리인이 동의한 경우 또는 채권추심자가 대리인에게 연락할 수 없는 정당한 사유가 있는 경우에는 그러하지 아니하다.

1. 「대부업 등의 등록 및 금융이용자 보호에 관한 법률」에 따른 여신금융기관

2. 「신용정보의 이용 및 보호에 관한 법률」에 따른 신용정보회사

3. 「자산유동화에 관한 법률」 제10조에 따른 자산관리자

4. 제2조 제1호 가목에 규정된 자를 제외한 일반 금전대여 채권자

5. 제1호부터 제4호까지에 규정된 자들을 위하여 고용되거나 같은 자들의 위임을 받아 채권추심을 하는 자(다만, 채권추심을 하는 자가 「대부업 등의 등록 및 금융이용자 보호에 관한 법률」에 따른 대부업자, 대부중개업자, 대부업의 등록을 하지 아니하고 사실상 대부업을 영위하는 자인 경우는 제외한다)

[본조신설 2014. 1. 14.]

제8조의4 (소송행위의 금지)
변호사가 아닌 채권추심자(제2조 제1호 라목에 규정된 자로서 채권추심을 업으로 하는 자 및 그 자를 위하여 고용, 도급, 위임 등 원인을 불문하고 채권추심을 하는 자로 한정한다)는 채권추심과 관련한 소송행위를 하여서는 아니 된다.

[본조신설 2014. 5. 20.]

채권추심법에서 2014년도에 변호사들의 업무영역을 확장한 두 조문이 신설되었습니다. 일반인들에게 많이 홍보되지 아니하여 안타깝긴 하지만 그래도 명문의 규정을 통해 변호사들이 밥벌이를 할 수 있는 기회를 제공하고 있습니다.

제한적이기는 하지만 변호사를 선임한 채무자에게는 추심자가 직접 연락할 수가 없습니다. 위반하면 2천만 원 이하의 과태료를 물립니다. 그리고 변호사가 아닌 채권추심자는 소송행위를 할 수 없습니다. 이를 위반하면 3년 이하의 징역 또는 3천만 원 이하의 벌금에 물리도록 되어 있습니다.

♀ 채권추심법 상 '금지되는 행위'

제9조 (폭행·협박 등의 금지)

채권추심자는 채권추심과 관련하여 다음 각호의 어느 하나에 해당하는 행위를 하여서는 아니 된다.

1. 채무자 또는 관계인을 폭행·협박·체포 또는 감금하거나 그에게 위계나 위력을 사용하는 행위

2. 정당한 사유 없이 반복적으로 또는 야간(오후 9시 이후부터 다음 날 오전 8시까지를 말한다. 이하 같다)에 채무자나 관계인을 방문함으로써 공포심이나 불안감을 유발하여 사생활 또는 업무의 평온을 심하게 해치는 행위

......

7. 채무자의 직장이나 거주지 등 채무자의 사생활 또는 업무와 관련된 장소에서 많은 사람이 모여 있는 가운데 채무자 외의 사람에게 채무자의 채무금액, 채무불이행 기간 등 채무에 관한 사항을 공연히 알리는 행위

제12조 (불공정한 행위의 금지)

채권추심자는 채권추심과 관련하여 다음 각호의 어느 하나에 해당하는 행위를 하여서는 아니 된다.

1. 혼인, 장례 등 채무자가 채권추심에 응하기 곤란한 사정을 이용하여 채무자

또는 관계인에게 채권추심의 의사를 공개적으로 표시하는 행위

3의2. 「채무자 회생 및 파산에 관한 법률」 제593조 제1항 제4호 또는 제600조 제1항 제3호에 따라 개인회생채권에 대한 변제를 받거나 변제를 요구하는 일체의 행위가 중지 또는 금지되었음을 알면서 법령으로 정한 절차 외에서 반복적으로 채무변제를 요구하는 행위

4. 「채무자 회생 및 파산에 관한 법률」에 따른 회생절차, 파산절차 또는 개인회생절차에 따라 전부 또는 일부 면책되었음을 알면서 법령으로 정한 절차 외에서 반복적으로 채무변제를 요구하는 행위

채권추심법에서 규정한 방문추심이 가능한 시간은 아침 8시부터 저녁 9시까지입니다. 만약 이러한 시간을 위반하여 찾아가서 돈 달라고 요청하는 경우에는 3년 이하의 징역 또는 3천만 원 이하의 벌금에 물리게 됩니다. 또한 채무자의 직장 동료들이 모여 있는 자리에서 채무에 관한 내용들을 알려 망신을 주는 행위를 명시적으로 금지행위로 신설하였습니다. 소위 말하는 망신주기 행위 금지입니다. 이 경우도 위반 시 3년 이하의 징역 또는 3천만 원 이하의 벌금을 물립니다.

채무자회생법의 취지는 채무자가 어떻게든 더 많은 현금유입을 만들어서 채권자들에게 변제비율을 높여주는 것입니다. 하지만 아이러니한 부분은 채무자가 회생을 통해 빚을 탕감 받게 되는 경우 채권자가 돈을 달라고 요구하면 불공정한 채권추심행위로 처벌받게 된다는 사실입니다. 만약 회생절차 진행이나 면책 후 채무변제 요구를 했다면 500만 원 이하의 과태료로 처벌될 수 있다는 사실을 명심하시기 바랍니다.

PART. 16

납품과 검수

⊙ 하자 조항의 검토

제6조 (작품의 반환)
1. 계약기간의 만료로 본 계약이 종료되거나 작가의 귀책사유 이외의 사유로 계약기간 안에 본 계약이 종료되는 경우 갤러리는 자신의 비용과 책임으로 그 종료일로부터 15일 이내에 작품을 작가와 갤러리가 합의한 장소까지 운송하여야 한다.
2. 작가의 귀책사유로 계약기간 안에 본 계약이 종료되는 경우 갤러리는 그 종료일까지로 부터 15일 이내에 작품을 전시장소 또는 갤러리와 작가가 합의한 장소로 운송하는 것에서의 반환 책임에서 벗어난다.

작가의 작품전시계약에 있어서 위와 같은 조항이 반드시 존재합니다. 즉 작품이 전시된 이후에 철거와 관련된 권리의무 관계입니다. 먼저 제1항에서는 개념을 세분화할 필요가 있습니다. 대충은 없습니다. 작품을 전시하는 과정은 운송, 설치, 철거, 운송의 과정을 단계별로 거치게 됩니다. 협의를 상세하게 하는 것이 좋습니다. 단계별로 비용 및 파손의 책임을 누가 지는지는 매우 중요한 부분입니다. 납품의 경우도 반품의 경우도 동일합니다. 제1항은 뭔가 체계적이지 못합니다. 설치 및 철거 비용에 대한 협의가 있다면 운송에 대한 협의도 진행하는 것이 바람직합니다.

제2항의 경우에도 작가의 귀책사유로 계약이 종료된다면 단순히 갤러리가 운송 책임을 지지 아니한다는 규정으로 그쳐서는 안 됩니다. 작가의 귀

책사유라면 모든 책임은 작가가 지는 것이 맞습니다. 표현도 이상하고 삭제해야 합니다. "철거 및 반환, 운송 책임은 모두 작가가 진다."로 수정하는 것이 적절합니다.

제4조 (을의 의무)

① '을'은 서비스의 이용범위 내에서 '갑'에게 콘텐츠를 사용하도록 허락한다. 이때, 콘텐츠 목록은 부속서에 별첨한다.

② '을'은 '갑'에게 제공하는 콘텐츠를 서비스에 적합한 형태로 편집, 가공하는 일체의 업무를 담당한다. 단, '갑'은 '을'과 사전협의 후 서비스의 적합한 범위 안에서 콘텐츠를 편집, 가공할 수 있다.

③ '을'은 '갑'에게 제공하는 콘텐츠에 대하여 (계약내/1 회, 무상)으로 업데이트하여 '갑'에게 제공하여야 한다. 단, '갑'의 요청시에는 '을'과의 사전협의 후 업데이트가 가능하도록 한다.

④ '을'의 귀책사유로 인하여 제3자와의 사이에 본 계약과 관련한 분쟁이 발생한 경우, '을'의 비용 및 책임으로 이를 해결하여야 한다.

위 샘플의 경우 제1항에서 이용할 수 있는 콘텐츠 목록은 매우 구체적이고 상세하게 적시하셔야 합니다. 여기서 많은 소송이 벌어집니다. 즉 을이 제공하는 콘텐츠가 어느 정도 수준의 사용을 만족해야 하는지 그 검사기준을 명확히 하여 을이 제공한 콘텐츠에 대해서 갑이 검수를 하고 이를 통과한 경우에만 계약대금을 지급하여야 합니다. 그리고 계약대금도 일시불은 절대로 안 됩니다. 계약금, 중도금, 잔금의 형태가 되어야 하고, 잔금은 검수를 만족하여 시험테스트 등을 통과해야 지급하는 것이 상관례입니다.

제3항의 경우에는 갑이 사용하고자 하는 수준과 사양에 맞도록 지속해서 을이 수정보완을 해야 하는데 '계약 내 1회'라는 것은 을의 꼼수일 수 있습니다. 갑의 요청을 모두 맞추는 용역을 일시에 제공하는 경우는 존재하지 않습니다. 끝없는 수정 보완 끝에 용역의 결과물이 나오는데, 해당 계약서 조항대로라면 2회부터는 모두 유상으로 업데이트를 해야 한다는 결과가 나옵니다. 그렇다면 용역의 완성이라는 기준을 두고 기준에 미달하였으니 이를 보완한다는 개념과 용역은 완성하였으나 추가로 용역을 진행한다는 개념은 매우 다르고 이와 관련해서는 건설공사에서도 '공사의 미완성'과 '추가 공사'에 대해서 항상 다툼이 끊이지 않는 영역이므로 매우 구체적이고 꼼꼼하게 규정할 필요가 있습니다.

제6조 (시스템의 운영 및 유지보수)
① 양 당사자는 서비스를 위하여 필요한 시스템의 개발, 구축에 대하여 합의하고, 합의된 내용에 따라 각자의 비용과 책임하에 자신의 시스템을 개발, 구축하여야 하며, 그 운영과 유지보수에 대하여 각각 책임을 부담한다.

관련한 계약서 조항을 추가로 보면 시스템 유지보수에 갑이 관여하게 되는 부분이 다른 조항들과 부조화입니다. 즉 갑의 의무와 역할이 제6조에 따르면 추가적으로 명확하게 규정되어야 합니다. 그렇지 않으면 을은 갑이 제대로 자기 역할을 못 해서 서비스 제공을 못하는 것이라고 발뺌합니다. 그러므로 갑의 역할이나 의무를 아예 없애고 순전히 을의 영역으로 규정하는 것이 향후 문제 발생 시에 을에게 책임을 묻는 방법입니다.

계약서 제대로 알고 써라

📍 하자의 판단

여기서 용역산출물의 하자의 개념에 대해서 조금은 갑에게 유리한 정의가 필요합니다. 다시 말해 "하자"라 함은 "용역산출물이 갑의 홍보 등 본래의 목적을 달성하기 부적합한 경우"를 말한다고 규정하여 갑이 자신의 목적을 달성할 수 없는 경우를 하자라고 개념을 정의해놓으면 이후에 을에게 계속 하자보수를 요청할 수 있습니다. 홍보의 경우에는 참 많은 분쟁이 발생하는데, 홍보용역을 제공하는 것과 실제로 홍보의 효과가 달성되는 것과는 상당한 괴리가 있습니다. 즉 열심히 그 용역을 수행한다고 하여 그것이 바로 효과로 나타나지 않는다는 것입니다. 그래서 대부분 용역을 발주한 쪽에서는 잔금도 주지 않고 용역 자체가 제대로 이루어지지 못했다고 주장하는 경우가 많습니다.

그리고 제2항을 보시면 계약서 검토의 묘미를 알 수 있습니다. 분명 하자가 발생하였는데 하자의 보수를 을이 무상으로 하지 않아도 되는 경우를 열거하였습니다. 그런데 용역을 맡긴 갑 이외에 법률관계의 당사자는 을과

제3자가 존재할 수 있습니다. 갑의 입장에서는 '을의 용역수행인력 이외의 사람'이라고 하면 갑 쪽 사람도 있지만 제3자도 존재할 수 있으므로 제3자의 과실로 하자가 발생하는 경우까지 이를 갑이 책임진다는 것은 매우 불합리할 수 있습니다. 대부분 용역을 직접 생산하고 관리하는 쪽은 을이기 때문에 제3자의 과실로 용역에 하자를 낸다면 을이 관리를 부실하게 했을 가능성도 있기 때문입니다. 그러므로 갑이 책임지는 예외규정이라면 '갑의 용역수행인력'이 보수, 개조 등을 해서 생긴 하자에 대해서만 갑이 책임지는 것이 적합합니다.

◎ 검수 조항의 중요성

> 제5조 (검수)
> '을'은 용역 수행 완료 후 이를 즉시 '갑'에게 통지하여야 하며, '갑'은 해당 통지 수령일로부터 10일 이내에 검수결과를 '을'에게 통지하여야 한다. 만약 '갑'이 해당 기간 내에 별다른 의사표시를 하지 않을 경우, 검수가 완료된 것으로 본다.

만약 검수 조항을 위와 같이 간단하게 작성한다면 엄청난 혼란이 야기될 것입니다. 검사의 기준은 무엇으로 하는지, 검사를 하는 주체는 누구이며, 누가 입회할 것인지, 용역 수행 결과물을 납품하는 방법과 수령의 주체는 누가 될 것인지, 관련한 서류들은 어떤 것들을 작성할 것인지 등의 다양한 문제를 그냥 손 놓고 있는 형국이 됩니다.

제7조 (목적물의 납품 및 검사)

① '갑'은 '을'이 목적물을 '갑'이 지정한 장소에 납품 또는 설치를 완료하여 수령하면 '을'에게 수령증을 교부하여야 하며, 목적물에 대한 검사는 '갑'의 입회하에 규격 및 수량 등의 확인, 설치 완료 후 목적물의 시운전 실시 방법으로 시행한다.

② 제1항에서 수령이라 함은 '을'이 납품한 목적물을 '갑'의 사실상 지배 아래 두게 하는 경우(이전이 곤란한 경우에는 검사를 개시한 때를 수령한 때로 본다. 이하 같다)를 의미한다.

③ 납품의 확정시점은 '을'이 지정된 장소까지 목적물을 납품하여 수령한 시점으로 한다.

④ '갑'은 '을'이 본 계약에 따라 납품하는 목적물의 전부 또는 일부의 수령을 지체하거나 거부하여서는 아니 되며, 이러한 경우 '갑'은 '을'이 입은 손해를 배상한다.

⑤ '갑'은 '을'로부터 목적물을 수령한 즉시(7일 이내에) 검사결과를 '을'에게 서면으로 통지하여야 하며, 이 기간 내에 통지하지 않은 경우에는 검사에 합격한 것으로 본다.

제8조 (시운전 및 운전 교육)

① '갑'과 '을'은 제7조 제1항에 따른 검사의 방법으로 시운전을 실시하고 운전 방법 및 프로그램 사용 방법에 대한 교육을 실시한다.

② 시운전 과정에서 목적물의 하자를 발견하였을 경우 '을'은 즉시 '을'의 비용으로 하자를 보수하여야 한다.

위 목적물 납품 및 검사 조항은 저자가 독일계 기계제조 회사에 직접 만들어 준 표준계약서 조항입니다. 수령이라는 개념을 정의하였고, 수령증 발부라는 제도를 만들었습니다. 수령이라는 개념은 중요한데, 위험의 이전이 되는 시점이 되기 때문에 기계의 하자가 발생한 시점과도 매우 밀접한 관련이 있습니다. 그리고 검사는 갑의 입회가 있고, 시운전을 실시하고 교육하는 방법으로 진행됩니다. 이때 시운전이 잘되고 사용방법에 대하여 교육이 잘 이루어져 해당 서류인 검사결과 통지서에 사인을 받게 되면 납품 및 검사가 완료되는 것입니다. 그러면 잔금지급청구권이 발생합니다.

제4조 (검수)
① '을'이 제공하는 서비스가 완료된 경우에는 서비스의 세부 내용(개발 상세 내역 등)을 서면으로 '갑'에게 제출하여야 하고 '갑'의 책임 있는 관리자로부터 확인을 받아야 한다.
② '을'은 산출물을 '갑'이 요청하는 장소에 제출하고 정상 여부를 확인한 후 '갑'으로부터 중간 검수(중도금 지급 시) 및 최종 검수(잔금 지급 시)를 받아야 한다.
③ 중간 검수는 중간보고 자료를 첨부하여 검수받는다.
④ '갑'은 중간 검수 및 최종 검수가 완료되면 '을'에게 각 검수 확인서를 발급하여야 한다. ('갑'이 '을'에게 최종 검수 확인서를 발급한 날을 '최종 검수 완료일'이라 하고, 이하 같다)
⑤ '갑'은 '을'의 각 검수 요청일로부터 30일 이내에 '을'의 입회하에 검수하여야 한다.
⑥ '갑'은 산출물에 이상이 있을 경우 이를 '을'에게 통보하고 '을'은 이를 곧바로 시정 조치를 한 후 '갑'의 재검수를 받아야 하며, 이러한 시정 조치와 관련하여 발생하는 비용 일체는 '을'의 부담으로 한다.
⑦ '을'이 중간 검수, 최종 검수 및 재검수를 통과하지 못하는 경우에는 본계약 제7조에 따라 기본계약 제4조에서 규정한 선금 및 중도금을 모두 반환하여야 하며, '갑'은 '을'로부터 받은 제출물들을 모두 반환한다.

제2항은 매우 중요합니다. 제가 진행했던 소송에서는 노래방기계 개발 사업을 진행하면서 제대로 된 검수 없이 계속적으로 돈이 지급된 사실이 매우 불리하게 작용하였습니다. 즉 중간검수와 최종검수만 진행할 것이 아니라 계속 기성고에 따라 대금이 지급되도록 하고 그때마다 기성고의 기준점을 명확히 해두는 것이 후에 분쟁이 발생하지 않는 방식이 될 것입니다. 그리고 제6항도 매우 중요한데 검수에 통과하지 못하고 지적받은 하자부분에 대한 시정조치 비용을 누가 부담하느냐 입니다. 그리고 한 가지 더 추가한다면 어쨌든 갑의 입장에서는 업무가 완료되어야 하는 기한이 있으므로 한정 없이 을을 기다려 줄 수는 없습니다. 그래서 수정 · 보완의 경우에도 기한을 설정하고 이러한 기한 내에 다 하지 못한 경우에는 지체상금의 발생을 추가로 규정하여야 을이 빠르게 수정 · 보완을 할 것입니다. 을의 입장에서 검수까지 다 마쳐야 용역납품이 되는 것으로 규정되어 있다면 납기를 맞추기 위해서 최대한 빨리 수정 · 보완을 할 것이기 때문입니다.

♀ 소유권 유보

제9조 (목적물의 소유권 유보)
① 제7조에 의한 인도에도 불구하고 목적물의 소유권은 '갑'의 대금완납 시까지 '을'에게 있으며, '갑'이 제3조에 따른 대금 총액 및 그에 대한 지연손해금(지연이 있는 경우에 한한다)을 완납하는 때에 자동으로 '갑'에게 이전한다.
② '갑'이 잔금 지급을 지체하는 경우 '을'은 목적물을 '을'의 관할 장소로 회수할 수 있다.

소유권이 언제 이전하느냐 여부도 실제 소송에서는 재밌는 주제가 됩니다. 소유권이 상대방에게 이전되면 이제는 물건을 돌려받는 것이 아니라 잔금지급청구권만 존재합니다. 그리고 잔금지급지체에 대해 이자도 추가로 청구할 수 있습니다. 물론 잔금 미지급을 이유로 계약을 해제하고 원상회복 시킬 수도 있습니다. 위 규정은 인도에도 불구하고 대금이 완납되지 아니하면 소유권이 이전되지 않는 것뿐만 아니라, 실질적으로 갑의 사용수익도 막을 수 있도록 하는 동시이행조항으로 볼 수 있습니다.

계약서 제대로 알고 써라

죽이 되든 밥이 되든 많이 써 보고 많이 검토 받으세요!

계약서 각 조항의 언어적 의미이나 취지만 안다면 그 계약서의 실질적 내용은 실무담당자가 변호사보다 더 잘 쓸 수 있습니다. 변호사는 법률 전문가이지 해당 영역의 실무전문가가 아닙니다. 실무가 진행되는 과정에서 매우 다양한 경우의 수가 발생할 수 있고, 그 경우의 수는 실무전문가가 더 잘 알 수 있기에 다양한 경우의 수를 예정하고 이에 대한 방비책을 누구보다 잘 만들어 낼 수 있습니다. 실무 관행이나 계약 상대방의 성향 또한 계약서 작성에 매우 중요한데, 변호사는 그것을 알 수가 없습니다. 그러한 상황을 잘 알고 있는 것도 실무담당자입니다.

전략적으로는 초안을 실무담당자가 최대한 구체적으로, 다양한 내용을 포함하여 작성하고, 부족한 부분에 대한 보충이나 문구의 수정 등을 변호사와 상의하여 진행하는 것이 제일 이상적이라고 봅니다. 시간을 절약 하기에도 좋습니다.

저자도 많은 기업들의 법률실무 담당자들과 소통해보지만 잘 하시는 분들은 변호사보다 나을 때가 많습니다. 그분들도 처음부터 그렇게 훌륭한 실력을 갖추지는 못했을 것입니다. 오랜 기간 다양한 사건 사고를 겪으면서 단련된 치밀함이 계약서에 반영되어 잘 쓴 계약서가 된 것입니다. 그리고 앞서 설명드린 바와 같이 초안을 이렇게도 써보고 저렇게도 써보면서 다양한 관점과 사례를 축적한 상태에서 변호사의 점검을 받고 완성된 계약서 초안을 또 실제 업무에 계속 반복하여 사용하다 보면 변호사의 도움이 필요 없어질 시기가 옵니다. 새로운 사례에도 쉽게 적용하여 계약서를 편하게 수정하여 사용할 수 있는 실력이 갖추어집니다. 저자도 그렇게 많은 자문 기업들을 잃어갔습니다.

결국 변호사로부터 자유로워지기

계약서와 관련된 "실질적인"노하우를 담은 본서의 "실용적인"내용을 숙달하고 그 요령을 "실천한다면", 결국 법률실무 담당자들이 변호사의 도움 없이 계약서를 능수능란하게 작성하고 검토할 수 있는 시기를 앞당겨줄 것입니다. 아쉽게도 변호사들의 수입은 줄어들겠지만 법률실무 담당자들이 변호사로부터 자유로워지는데 본서가 일조하기를 간절히 바라봅니다.